300
CONSELHOS DE
JESUS

JOÃO CARLOS ALMEIDA

300 CONSELHOS DE JESUS

AGIR

Editora Nova Fronteira Participações S.A.
Rua Nova Jerusalém, 345 — Bonsucesso — 21042-235
Rio de Janeiro – RJ – Brasil
Tel.: (21) 3882-8200 – Fax: (21) 3882-8212/8313

Texto revisto pelo novo Acordo Ortográfico.

CIP-Brasil. Catalogação na fonte
Sindicato Nacional dos Editores de Livros, RJ

J58t Almeida, João Carlos, 1964-
300 conselhos de Jesus / João Carlos Almeida. - Rio de Janeiro: Agir, 2011.
320p.: 21 cm

ISBN 978-85-220-1271-8

1. Jesus Cristo - Ensinamentos. 2. Igreja Católica - Doutrinas. 3. Conduta. 4. Vida cristã. I. Título: Trezentos conselhos de Jesus.

CDD: 232
CDU: 27-31

A quem iremos, Senhor?
Tu tens palavras de vida eterna.

Simão Pedro

(Evangelho de João 6,68)

Apresentação

Foi com minha mãe que aprendi. *Bons conselhos são desdobramentos práticos do amor.* Estão sempre costurados aos motivos da predileção, do olhar que unifica, quer bem, recolhe do mundo, diminui a orfandade.

Gosto de ouvir bons conselhos. Neles há sempre um parecer que desafia o que sei sobre mim. Mixórdia que resulta em um novo estado de compreensão, análise que faço a partir de outro que me viu por ângulos que não alcanço.

A palavra é a casa do conselho. É através dessa estrutura fascinante que recebo em mim a intenção amorosa que augura fazer-me acertar nas escolhas. Ao habitar a palavra, o bom conselho se transforma em bem-aventurança. Soa em meus ouvidos como regra bendita, pois está tocada pelo benquerer.

Recordo-me da tessitura de muitas vozes. O amor feito verbo, a urdidura minuciosa de falas que me diziam verdades que eu ainda não sabia compreender sozinho. Conselho de pai. "Cuidado para não desperdiçar sua vida, meu filho!" Conselho de amigo. "Se não der certo por lá, é só voltar!" Conselho de mãe. "Vai devagar pela estrada. Ela é perigosa!"

Palavras infinitamente repetidas pelos quatro cantos do mundo, mas que nunca perderam o sentido; vozes querendo alcançar o núcleo dos corações amados, desejosas de serem por eles metabolizadas, realizando a proeza da comunhão, de ser uma só carne, um só espírito. Vozes que aconselham o bom senso, o equilíbrio, o cuidado, a coragem, a simplicidade, a sabedoria. Vozes que amam.

O amor empresta sentido, compreendo. Na palavra do que ama há sempre uma oferenda existencial, como se a experiência adquirida fosse uma herança que só tem sentido quando partilhada. É o rito do amor, o encontro que nos transforma em comunidade humana, homens e mulheres que carregam os cestos das vidas vividas, aprendizados que foram nascidos pelos caminhos, nas muitas andanças.

Quem muito andou e viveu muito mais pode contar. A qualidade da trajetória é que autoriza a palavra. É o volume da sabedoria que qualifica o conselho. Talvez seja por isso que a palavra de Jesus seja tão viva ainda hoje. N'Ele encontramos o Deus que fez questão de saborear a história. Passou pelo mesmo processo que forja a sabedoria: a vida. Andou pelas mesmas estradas que nós, sonhou os mesmos sonhos, sofreu as mesmas agruras, alegrou-se com as mesmas alegrias.

Jesus soube viver intensamente os seus dias. Divino-humano, Ele recebeu na carne todas as consequências da história. Interpretou a condição humana a partir das estruturas de seu tempo, e a ela concedeu redenção.

É por isso que faço de suas palavras e conselhos o meu referencial de verdade. Eu também fui tocado por sua Redenção. Vivo na carne este desafio de ser n'Ele, por Ele e com Ele. Meu desejo é viver cristificado. É receber nos limites de minha humanidade toda a sua divindade. Pretensioso, eu sei. Sou recipiente miúdo para tanta grandeza. Mas Ele não se intimida com minhas misérias. Sabe muito bem que sua palavra bendita é capaz de endireitar os caminhos tortos de minha existência. É por isso que presto atenção nos seus conselhos. Eu preciso deles. Para ser quem eu quero ser.

Preste também. Os homens e mulheres mais interessantes que conheci tiveram suas histórias pautadas nos conselhos de Jesus.

Nas estruturas destes 300 conselhos há muitas sabedorias. Algumas veladas, outras reveladas. Não tenha pressa. Elas cabem na medida de uma vida inteira.

Padre Fábio de Melo

Palavras eternas

Há dois mil anos passou entre nós um pregador itinerante que ficou conhecido pelo nome de Jesus. Quem viu e ouviu ficou impressionado com a sabedoria que emanava de seus lábios. Falava com autoridade. Alguém disse que até o vento obedecia suas ordens. Agia com poder curando doentes, consolando aflitos, animando desesperados e combatendo toda forma de mal. Reuniu um pequeno grupo de seguidores fiéis. Juntos, andaram por três anos anunciando que é possível um céu na terra e que podemos esperar um lugar no céu. Pregava que a vida é maior do que a morte. Nada poderia vencer a força do amor.

Inicialmente sua fama se espalhou por toda a região. Multidões o seguiam para ouvir suas palavras e admirar seus feitos. Mas o pregador exigia compromissos de solidariedade e os seguidores que buscavam apenas um milagre espetacular, aos poucos, foram embora. Ficou o pequeno grupo do início que o acompanhou em momentos muito difíceis. Eles acreditavam que, de alguma maneira, aquele messias iria libertar Israel do domínio político do Império Romano. Seria esse o prometido "céu na terra"? Seria Jesus um messias guerreiro e mobilizador das massas populares?

Neste momento de crise, o Mestre perguntou aos seguidores fiéis: "Vocês também querem ir embora?" Um dos mais experientes, chamado Pedro, respondeu de modo enfático e inspirado: "Senhor, a quem iríamos nós? Só tu tens palavras de vida eterna!"

É compreensível que estas "palavras eternas" do Mestre de Nazaré tenham marcado fortemente a alma daquele pequeno grupo, mas, infelizmente, Ele não tomou o cuidado de deixar nada escrito. Não eternizou sua pregação em livros. Preferiu escrever nos corações.

Conhecemos bem o final da história. As verdades pronunciadas pelo pregador da Galileia acabaram incomodando algumas pessoas da capital, Jerusalém, e Ele foi condenado à morte de cruz. Imagine o trauma que isto significou para seus seguidores! Um deles confessou, pouco depois do acontecido: "Acreditávamos que Ele iria libertar Israel, mas..."

Porém, toda esta frustração foi transformada em motivação a partir do momento em que os seguidores se convenceram de que Jesus havia vencido as barreiras da morte. A partir daquele momento, o pequeno grupo de discípulos medrosos e órfãos de mestre se transformou numa infatigável legião de pregadores itinerantes. Rezavam em casa e pregavam nas praças. Estavam convencidos de que eram movidos pelo Espírito Santo. Sua pregação consistia basicamente em afirmar que Jesus estava vivo e que se faria presente na história de diversas maneiras: no pão repartido, no pobre acolhido, na oração em comum, nas crianças e nas palavras inspiradas dos seus seguidores. Um deles, Paulo de Tarso, resumiu esta fé de modo genial e lapidar: "Cristo vive em mim." Por tudo isso, este grupo religioso começou a ser chamado de "cristãos".

A base da pregação dos primeiros cristãos consistia em recordar palavras marcantes de Jesus. Inicialmente não existiam registros escritos. O que havia era a lembrança de suas "palavras eternas" e de sua traumática morte na cruz. Lendo as escrituras judaicas, eles começaram a ter uma nova visão do tempo que passaram com Jesus. Entenderam algumas frases do Mestre que na ocasião pareciam enigmáticas. Estas duas memórias — a morte e as palavras de Jesus — aos poucos foram dando origem às cartas e aos evangelhos que hoje formam o que conhecemos como Novo Testamento.

A ideia neste livro é retornar às frases do Mestre de Nazaré, em torno das quais foram construídos relatos mais complexos. Procurei estas pepitas de ouro no meio da rocha. Para isso, fiz um quadro comparativo dos quatro evangelhos. Não se trata de um estudo científico da Bíblia. Já houve quem fizesse este mesmo esforço tentando descobrir, pela análise crítica do texto, que palavras Jesus teria realmente pronunciado. Deixo este desafio para os estudiosos do livro sagrado. Também não é uma obra de teologia. É o resultado da minha "leitura orante da Bíblia". Assumi o propósito de coletar 300 CONSELHOS DE JESUS. São lições de vida que podemos concluir de suas palavras e ações.

Quando comecei meu estudo imaginei que isolar as frases de Jesus faria com que elas perdessem o sentido. A rigor não se pode tirar um texto do contexto. Mas, aos poucos, fui percebendo que estas "palavras eternas" praticamente têm vida própria; são o núcleo de sentido de cada relato. É claro que, antes de exprimir a minha versão do conselho de Jesus, considerei atentamente o contexto literário, exegético e teológico. Mas é bom lembrar que cada frase da Bíblia só pode ser compreendida se considerarmos a globalidade do texto sagrado. Este cuidado é ainda mais relevante quando percebemos que estamos diante de um texto "inspirado".

Citei também o texto original para que você possa comparar. Utilizei a tradução da Bíblia aprovada pela CNBB. Tomei a liberdade de traduzir cada conselho com minhas palavras. É o modo como Jesus fala hoje em meu coração. Espero que fale também no seu!

João Carlos Almeida

1

Se você perdeu a criança interior, volte às origens.

Evangelho de Lucas 2,41-46a

Todos os anos, os pais de Jesus iam a Jerusalém para a festa da Páscoa. Quando completou doze anos, eles foram para a festa, como de costume. Terminados os dias da festa, enquanto eles voltavam, Jesus ficou em Jerusalém, sem que seus pais percebessem. Pensando que se encontrasse na caravana, caminharam um dia inteiro. Começaram então a procurá-lo entre os parentes e conhecidos. Mas, como não o encontrassem, voltaram a Jerusalém, procurando-o. Depois de três dias, o encontraram no templo.

2

Lembre-se que o princípio da sabedoria é escutar e fazer perguntas.

Evangelho de Lucas 2,46-50

Depois de três dias, o encontraram no templo, sentado entre os mestres, ouvindo-os e fazendo-lhes perguntas. Todos aqueles que ouviam o menino ficavam maravilhados com sua inteligência e suas respostas. Quando o viram, seus pais ficaram comovidos, e sua mãe lhe disse: "Filho, por que agiste assim conosco? Olha, teu pai e eu estávamos angustiados, à tua procura!" Ele respondeu: "Por que me procuráveis? Não sabíeis que eu devo estar naquilo que é de meu Pai?" Eles, porém, não compreenderam a palavra que ele lhes falou.

3

Se você for obediente ao Pai do Céu e aos pais na terra crescerá em sabedoria e graça.

Evangelho de Lucas 2,49-52

Ele respondeu: "Por que me procuráveis? Não sabíeis que eu devo estar naquilo que é de meu Pai?" Eles, porém, não compreenderam a palavra que ele lhes falou. Jesus desceu, então, com seus pais para Nazaré e era obediente a eles. Sua mãe guardava todas estas coisas no coração. E Jesus ia crescendo em sabedoria, tamanho e graça diante de Deus e dos homens.

4

Você não pode viver somente de pão, mas de toda Palavra que sai da boca de Deus.

Evangelho de Lucas 4,1-4

Jesus, cheio do Espírito Santo, voltou do rio Jordão e, no Espírito, era conduzido pelo deserto. Ali foi posto à prova pelo diabo, durante quarenta dias. Naqueles dias, ele não comeu nada e, no final, teve fome. O diabo, então, disse-lhe: “Se és o Filho de Deus, manda que esta pedra se transforme em pão.” Jesus respondeu: “Está escrito: ‘Não se vive somente de pão.’”

5

Desconfie de quem lhe oferece o mundo inteiro e pede em troca "apenas" a sua alma.

Evangelho de Lucas 4,5-8

O diabo levou [Jesus] para o alto; mostrou-lhe, num relance, todos os reinos da terra, e lhe disse: "Eu te darei todo este poder e a riqueza destes reinos, pois a mim é que foram dados, e eu os posso dar a quem eu quiser. Portanto, se te prostrares diante de mim, tudo será teu." Jesus respondeu-lhe: "Está escrito: 'Adorarás o Senhor teu Deus e só a ele prestarás culto.'"

6

Nunca peça provas para Deus.

Evangelho de Lucas 4,9-12

Depois, o diabo levou Jesus a Jerusalém e, colocando-o no ponto mais alto do templo, disse-lhe: "Se és Filho de Deus, lança-te daqui abaixo. Pois está escrito: 'Ele dará ordens aos seus anjos a teu respeito para que te guardem', e ainda: 'Eles te carregarão nas mãos, para que não tropeces em alguma pedra.'" Jesus, porém, respondeu: "Também foi dito: 'Não porás à prova o Senhor, teu Deus.'"

7

Pare e pense: o que você está procurando em sua vida?

Evangelho de João 1,38

Jesus voltou-se para trás e, vendo que eles o seguiam, perguntou-lhes: "Que procurais?" Eles responderam: "Rabi (que quer dizer Mestre), onde moras?"

8

Vá e veja com seus próprios olhos. Faça você mesmo a experiência.

Evangelho de João 1,39

Ele respondeu: "Vinde e vede!" Foram, viram onde morava e permaneceram com ele aquele dia. Era por volta das quatro horas da tarde.

9

Siga os caminhos de Deus!

Evangelho de João 1,43

No dia seguinte, ele decidiu partir para a Galileia e encontrou Filipe. Jesus disse a este: “Segue-me!”

10

Esteja sempre preparado para ver coisas maiores.

Evangelho de João 1,50-51

Jesus lhe respondeu: "Estás crendo só porque falei que te vi debaixo da figueira? Verás coisas maiores que estas." E disse-lhe ainda: "Em verdade, em verdade, vos digo: vereis o céu aberto e os anjos de Deus subindo e descendo sobre o Filho do Homem!"

11

Tome uma atitude, pois quem sabe faz a hora.

Evangelho de João 2,4

Jesus lhe respondeu: "Mulher, para que me dizes isso? A minha hora ainda não chegou."

12

Dê o melhor de si.

Evangelho de João 2,7

Jesus disse aos que estavam servindo: "Enchei as talhas de água!" E eles as encheram até a borda.

13

Faça passeios em família.

Evangelho de João 2,12

Depois disso, Jesus desceu para Cafarnaum, com sua mãe, seus irmãos e seus discípulos. Lá, permaneceram apenas alguns dias.

14

Não transforme a casa de Deus em um mercado.

Evangelho de João 2,13-16

Estava próxima a Páscoa dos judeus; Jesus, então, subiu a Jerusalém. No templo, encontrou os que vendiam bois, ovelhas e pombas, e os cambistas nas suas bancas. Então fez um chicote com cordas e a todos expulsou do templo, juntamente com os bois e as ovelhas; jogou no chão o dinheiro dos cambistas e derrubou suas bancas, e aos vendedores de pombas disse: "Tirai daqui essas coisas. Não façais da casa de meu Pai um mercado!"

15

Lembre-se que o melhor templo é o coração humano.

Evangelho de João 2,17-22

Os discípulos se recordaram do que está escrito: "O zelo por tua casa me há de devorar." Então os judeus perguntaram a Jesus: "Que sinal nos mostras para agires assim?" Jesus respondeu: "Destruí vós este templo, e em três dias eu o reerguerei." Os judeus, então, disseram: "A construção deste templo levou quarenta e seis anos, e tu serias capaz de erguê-lo em três dias?" Ora, ele falava isso a respeito do templo que é seu corpo. Depois que Jesus fora reerguido dos mortos, os discípulos se recordaram de que ele tinha dito isso, e creram na Escritura e na palavra que Jesus havia falado.

16

Saiba em quem confiar.

Evangelho de João 2,23-24

Estando em Jerusalém, na festa da Páscoa, muitos creram no seu nome, vendo os sinais que realizava. Jesus, no entanto, não lhes dava crédito, porque conhecia a todos.

17

Para conhecer uma pessoa é preferível ter um contato pessoal a confiar apenas nas informações dos outros.

Evangelho de João 2,25

Jesus não precisava de ser informado a respeito do ser humano. Ele bem sabia o que havia dentro do homem.

18

Para ser feliz você precisa se reinventar todos os dias.

Evangelho de João 3,3-5

Jesus respondeu: "Em verdade, em verdade, te digo: se alguém não nascer do alto, não poderá ver o Reino de Deus!" Nicodemos perguntou: "Como pode alguém nascer, se já é velho? Ele poderá entrar uma segunda vez no ventre de sua mãe para nascer?" Jesus respondeu: "Em verdade, em verdade, te digo: se alguém não nascer da água e do Espírito, não poderá entrar no Reino de Deus."

19

**Não determine nada para Deus.
Ele é Espírito e sopra onde quer.
Deixe Deus ser Deus.**

Evangelho de João 3,8

Jesus disse: "O vento sopra onde quer e ouves a sua voz, mas não sabes de onde vem, nem para onde vai. Assim é também todo aquele que nasceu do Espírito."

20

Só fale daquilo que você sabe e só dê testemunho daquilo que você mesmo viu.

Evangelho de João 3,11

Jesus disse: "Em verdade, em verdade, te digo: nós falamos do que conhecemos e damos testemunho do que vimos, mas vós não aceitais o nosso testemunho."

21

Para crer nas coisas do céu, o primeiro passo é acreditar nas coisas da terra.

Evangelho de João 3,12

Jesus disse: "Se não acreditais quando vos falo das coisas da terra, como ireis crer quando eu vos falar das coisas do céu?"

22

Creia e você será salvo; mas seja coerente com a sua fé.

Evangelho de João 3,13-18

Jesus disse: "Ninguém subiu ao céu senão aquele que desceu do céu: o Filho do Homem. Como Moisés levantou a serpente no deserto, assim também será levantado o Filho do Homem, a fim de que todo o que nele crer tenha vida eterna. De fato, Deus amou tanto o mundo que deu o seu Filho único, para que todo o que nele crer não pereça, mas tenha a vida eterna. Pois Deus enviou o seu Filho ao mundo, não para condenar o mundo, mas para que o mundo seja salvo por ele. Quem crê nele não será condenado, mas quem não crê já está condenado, porque não acreditou no nome do Filho único de Deus."

23

Seja transparente; o mal tem ódio da luz, pois não quer ser desmascarado.

Evangelho de João 3,19-20

Jesus disse: "Ora, o julgamento consiste nisto: a luz veio ao mundo, mas as pessoas amaram mais as trevas do que a luz, porque as suas obras eram más. Pois todo o que pratica o mal odeia a luz e não se aproxima da luz, para que suas ações não sejam denunciadas."

24

Se você quer ser do bem, viva na luz, viva na verdade!

Evangelho de João 3,21

Jesus disse: "Mas quem pratica a verdade se aproxima da luz, para que suas ações sejam manifestadas, já que são praticadas em Deus."

25

Quando você tiver sede, seja humilde e peça um copo d'água.

Evangelho de João 4,5-7

Chegou, pois, a uma cidade da Samaria, chamada Sicar, perto da propriedade que Jacó tinha dado a seu filho José. Havia ali a fonte de Jacó. Jesus, cansado da viagem, sentou-se junto à fonte. Era por volta do meio-dia. Veio uma mulher da Samaria buscar água. Jesus lhe disse: "Dá-me de beber!"

26

Converse também com pessoas que pensam diferente de você.

Evangelho de João 4,9

A samaritana disse a Jesus: "Como é que tu, sendo judeu, pedes de beber a mim, que sou uma mulher samaritana?" De fato, os judeus não se relacionam com os samaritanos.

27

Se você conhecer a Deus saberá pedir mais que a solução imediata dos seus problemas.

Evangelho de João 4,10

Jesus respondeu: "Se conhecesses o dom de Deus e quem é aquele que te diz: 'Dá-me de beber', tu lhe pedirias, e ele te daria água viva."

28

Somente Deus pode saciar definitivamente seu coração.

Evangelho de João 4,11-14

A mulher disse: "Senhor, não tens sequer um balde, e o poço é fundo; de onde tens essa água viva? Serás maior que nosso pai Jacó, que nos deu este poço, do qual bebeu ele mesmo, como também seus filhos e seus animais?" Jesus respondeu: "Todo o que beber desta água terá sede de novo; mas quem beber da água que eu darei nunca mais terá sede, porque a água que eu darei se tornará nele uma fonte de água jorrando para a vida eterna."

29

Aprenda a escutar o coração das pessoas.

Evangelho de João 4,16-19

Ele lhe disse: "Vai chamar teu marido e volta aqui!" — "Eu não tenho marido", respondeu a mulher. Ao que Jesus retrucou: "Disseste bem que não tens marido. De fato, tiveste cinco maridos, e o que tens agora não é teu marido. Nisto falaste a verdade." A mulher lhe disse: "Senhor, vejo que és um profeta!"

30

Lembre-se que os verdadeiros adoradores adoram em espírito e verdade.

Evangelho de João 4,23-24

Jesus disse: "Mas vem a hora, e é agora, em que os verdadeiros adoradores adorarão o Pai em espírito e verdade. Estes são os adoradores que o Pai procura. Deus é Espírito, e os que o adoram devem adorá-lo em espírito e verdade."

31

Mostre seu coração.

Evangelho de João 4,25-26

A mulher disse-lhe: "Eu sei que virá o Messias (isto é, o Cristo); quando ele vier, nos fará conhecer todas as coisas." Jesus lhe disse: "Sou eu, que estou falando contigo."

32

Existem alimentos para o corpo, para a alma, para a mente e para o coração. Alimente-se!

Evangelho de João 4,31-32

Enquanto isso, os discípulos insistiam com Jesus: "Rabi, come!" Mas ele lhes disse: "Eu tenho um alimento para comer, que vós não conheceis."

33

Saiba que o melhor alimento é fazer a vontade de Deus e cumprir a sua obra.

Evangelho de João 4,33-34

Os discípulos comentavam entre si: "Será que alguém lhe trouxe alguma coisa para comer?" Jesus lhes disse: "O meu alimento é fazer a vontade daquele que me enviou e levar a termo a sua obra."

34

Plante também para outros colherem, pois nem sempre quem colhe é aquele que semeou.

Evangelho de João 4,35-38

Jesus disse: "Não dizeis vós: 'Ainda quatro meses, e aí vem a colheita!'? Pois eu vos digo: levantai os olhos e vede os campos, como estão dourados, prontos para a colheita! Aquele que colhe já recebe o salário; ele ajunta fruto para a vida eterna. Assim, o que semeia se alegra junto com o que colhe. Pois nisto está certo o provérbio 'Um é o que semeia e outro é o que colhe': eu vos enviei para colher o que não é fruto do vosso cansaço; outros se cansaram e vós entrastes no que lhes custou tanto cansaço."

35

Não tenha receio de conviver com pessoas de outras religiões.

Evangelho de João 4,40

Os samaritanos foram a ele e pediram que permanecesse com eles; e ele permaneceu lá dois dias.

36

Lembre-se que santo de casa não faz milagre.

Evangelho de João 4,44

Jesus mesmo tinha declarado, de fato, que um profeta não é reconhecido em sua própria terra.

37

Leia a Bíblia.

Evangelho de Lucas 4,16-17a

Foi então a Nazaré, onde se tinha criado. Conforme seu costume, no dia de sábado, foi à sinagoga e levantou-se para fazer a leitura. Deram-lhe o livro do profeta Isaías.

38

Não basta falar com eloquência; melhor é falar com unção.

Evangelho de Lucas 4,18a

Jesus disse: "O Espírito do Senhor está sobre mim, pois ele me ungiu, para anunciar a Boa-Nova aos pobres."

39

Você comprova que tem o Espírito de Deus se age em favor dos pobres e oprimidos.

Evangelho de Lucas 4,18-19

Jesus disse: "O Espírito do Senhor está sobre mim, pois ele me ungiu, para anunciar a Boa-Nova aos pobres: enviou-me para proclamar a libertação aos presos e, aos cegos, a recuperação da vista; para dar liberdade aos oprimidos e proclamar um ano aceito da parte do Senhor."

40

Não viva em função dos adversários. Siga seu próprio caminho.

Evangelho de Lucas 4,28-30

Ao ouvirem estas palavras, na sinagoga, todos ficaram furiosos. Levantaram-se e o expulsaram da cidade. Levaram-no para o alto do morro sobre o qual a cidade estava construída, com a intenção de empurrá-lo para o precipício. Jesus, porém, passando pelo meio deles, continuou o seu caminho.

41

Está na hora de Deus reinar em sua vida; converta-se e acredite nesta boa notícia.

Evangelho de Marcos 1,15

Jesus disse: "Completou-se o tempo, e o Reino de Deus está próximo. Convertei-vos e crede na Boa-Nova."

42

Se você seguir os caminhos de Deus, outros seguirão você.

Evangelho de Marcos 1,16-18

Caminhando à beira do mar da Galileia, Jesus viu Simão e o irmão deste, André, lançando as redes ao mar, pois eram pescadores. Então disse-lhes: "Segui-me, e eu farei de vós pescadores de homens." E eles, imediatamente, deixaram as redes e o seguiram.

43

Avance sempre para águas mais profundas. Fuja da superficialidade.

Evangelho de Lucas 5,2-4

Ele viu dois barcos à beira do lago; os pescadores tinham descido e lavavam as redes. Subiu num dos barcos, o de Simão, e pediu que se afastasse um pouco da terra. Então sentou-se e, do barco, ensinava as multidões. Quando acabou de falar, disse a Simão: "Avança mais para o fundo, e ali lançai vossas redes para a pesca."

44

Se o "espírito do mal" lhe aparecer, seja firme: ordene que se cale e expulse-o dali.

Evangelho de Lucas 4,33-35

Na sinagoga estava um homem que tinha um espírito impuro, e ele gritou em alta voz: "Que queres de nós, Jesus de Nazaré? Vieste para nos destruir? Eu sei quem tu és: o Santo de Deus!" Jesus o repreendeu: "Cala-te, sai dele!" O demônio então lançou o homem no chão e saiu dele, sem lhe fazer mal algum.

45

Reze pelos doentes. Visite os enfermos.

Evangelho de Lucas 4,38-39

Jesus saiu da sinagoga e entrou na casa de Simão. A sogra de Simão estava sofrendo, com muita febre. Intercederam a Jesus por ela. Então, Jesus se inclinou sobre ela e, com autoridade, mandou que a febre a deixasse. A febre a deixou, e ela, imediatamente, se levantou e pôs-se a servi-los.

46

Lembre-se que uma das estratégias mais antigas do demônio é bajular.

Evangelho de Lucas 4,41

De muitas pessoas saíam demônios, gritando: "Tu és o Filho de Deus!" Ele os repreendia, proibindo que falassem, pois sabiam que ele era o Cristo.

47

Tenha um tempo e um lugar para se esconder. Procure um deserto para rezar.

Evangelho de Marcos 1,35-37

De madrugada, quando ainda estava bem escuro, Jesus se levantou e saiu rumo a um lugar deserto. Lá, ele orava. Simão e os que estavam com ele se puseram a procurá-lo. E quando o encontraram, disseram-lhe: "Todos te procuram."

48

Tenha olhos para além do seu bairro e da sua cultura de origem.

Evangelho de Marcos 1,38

Jesus respondeu: "Vamos a outros lugares, nas aldeias da redondeza, a fim de que, lá também, eu proclame a Boa--Nova. Pois foi para isso que eu saí."

49

Evite contar logo o milagre que recebeu. Seja discreto e preserve seus espaços de intimidade.

Evangelho de Marcos 1,42-44

Imediatamente a lepra desapareceu, e ele ficou purificado. Jesus, com severidade, despediu-o e recomendou-lhe: "Não contes nada a ninguém! Mas vai mostrar-te ao sacerdote e apresenta, por tua purificação, a oferenda prescrita por Moisés. Isso lhes servirá de testemunho."

50

Encoraje as pessoas.

Evangelho de Mateus 9,2

Apresentaram-lhe, então, um paralítico, deitado numa maca. Vendo a fé que eles tinham, Jesus disse ao paralítico: "Coragem, filho, teus pecados estão perdoados!"

51

Não alimente pensamentos negativos.

Evangelho de Mateus 9,3-4

Então alguns escribas pensaram: "Esse homem está blasfemando." Mas Jesus, conhecendo os seus pensamentos, disse-lhes: "Por que tendes esses maus pensamentos em vossos corações?"

52

Lembre-se que o perdão e a cura andam de mãos dadas.

Evangelho de Lucas 5,23-24

Jesus disse: "O que é mais fácil, dizer: 'Teus pecados são perdoados', ou: 'Levanta-te e anda'? Ora, para que saibais que o Filho do Homem tem poder de perdoar pecados na terra... eu te ordeno — disse ao paralítico —, levanta-te, pega tua maca e vai para casa."

53

Para você entrar no céu, o primeiro passo é reconhecer-se pecador.

Evangelho de Lucas 5,31-32

Jesus respondeu: "Não são as pessoas com saúde que precisam de médico, mas as doentes. Não é a justos que vim chamar à conversão, mas a pecadores."

54

Não tenha medo da novidade; viva o novo com nova mentalidade.

Evangelho de Lucas 5,36

Contou-lhes ainda uma parábola: "Ninguém corta um remendo de roupa nova para costurá-lo em roupa velha. Caso contrário, o novo rasga o velho, e o remendo de roupa nova não combina com a roupa velha. Ninguém põe vinho novo em odres velhos, porque o vinho novo arrebenta os odres, e perdem-se o vinho e os odres. Vinho novo em odres novos."

55

Não despreze as coisas antigas.

Evangelho de Lucas 5,37-39

Jesus disse ainda: "Ninguém que tomou vinho envelhecido deseja vinho novo, pois diz: 'O velho é melhor.'"

56

Nem sempre a solução depende apenas de suas próprias forças. Peça ajuda!

Evangelho de João 5,6-7

Jesus o viu ali deitado e, sabendo que estava assim desde muito tempo, perguntou-lhe: "Queres ficar curado?" O enfermo respondeu: "Senhor, não tenho ninguém que me leve à piscina quando a água se movimenta. Quando estou chegando, outro entra na minha frente."

57

Nunca dependa totalmente dos outros. Confie em sua força interior!

Evangelho de João 5,8-9a

Jesus lhe disse: "Levanta-te, pega a tua maca e anda." No mesmo instante, o homem ficou curado, pegou sua maca e começou a andar.

58

Trabalhe, pois até Deus trabalha sempre.

Evangelho de João 5,16-17

Os judeus começaram a perseguir Jesus, porque fazia tais coisas em dia de sábado. Jesus, porém, deu-lhes esta resposta: "Meu Pai trabalha sempre, e eu também trabalho."

59

Se você ouvir e praticar a Palavra de Deus terá vida plena.

Evangelho de João 5,24

Jesus disse: "Em verdade, em verdade, vos digo: quem escuta a minha palavra e crê naquele que me enviou possui a vida eterna e não vai a julgamento, mas passou da morte para a vida."

60

Estude a Bíblia, mas lembre-se que por detrás das palavras existe uma pessoa e não apenas um livro.

Evangelho de João 5,39

Jesus disse: "Examinais as Escrituras, pensando ter nelas a vida eterna, e são elas que dão testemunho de mim."

61

Ouça os elogios sempre com certa desconfiança.

Evangelho de João 5,41

Jesus disse: "Eu não recebo glória que venha dos homens."

62

Evite os bajuladores.

Evangelho de João 5,44

Jesus disse: "Como podereis acreditar, vós que recebeis glória uns dos outros e não buscais a glória que vem do Deus único?"

63

Não seja legalista, pois a lei foi feita para as pessoas e não as pessoas para a lei.

Evangelho de Marcos 2,27-28

Jesus disse: "O sábado foi feito para o homem, e não o homem para o sábado. Deste modo, o Filho do Homem é Senhor também do sábado."

64

Procure incluir quem está à margem.

Evangelho de Marcos 3,1-3

Outra vez, Jesus entrou na sinagoga, e lá estava um homem com a mão seca. Eles observavam se o curaria num dia de sábado, a fim de acusá-lo. Jesus disse ao homem da mão seca: "Levanta-te! Vem para o meio!"

65

Faça o bem ainda que seja reprovado pelos outros.

Evangelho de Marcos 3,5-6

Passando sobre eles um olhar irado, e entristecido pela dureza de seus corações, disse ao homem: "Estende a mão!" Ele estendeu a mão, que ficou curada. Saindo daí, imediatamente os fariseus, com os herodianos, tomaram a decisão de eliminar Jesus.

66

Deixe-se tocar.

Evangelho de Lucas 6,17-19

Jesus desceu com eles da montanha e parou num lugar plano. Ali estavam muitos dos seus discípulos e uma grande multidão de gente de toda a Judeia e de Jerusalém, e do litoral de Tiro e Sidônia. Vieram para ouvi-lo e serem curados de suas doenças. Também os atormentados por espíritos impuros eram curados. A multidão toda tentava tocar nele, porque dele saía uma força que curava a todos.

67

Reze muito antes de tomar uma grande decisão.

Evangelho de Lucas 6,12-13

Naqueles dias, Jesus foi à montanha para orar. Passou a noite toda em oração a Deus. Ao amanhecer, chamou os discípulos e escolheu doze entre eles, aos quais deu o nome de apóstolos.

68

Escolha pessoalmente seus colaboradores.

Evangelho de Marcos 3,13-15

Jesus subiu a montanha e chamou os que ele quis; e foram a ele. Ele constituiu então doze, para que ficassem com ele e para que os enviasse a anunciar a Boa-Nova, com o poder de expulsar os demônios.

69

Encontre soluções simples e criativas.

Evangelho de Marcos 3,7-11

Jesus, então, com seus discípulos, retirou-se em direção ao lago, e uma grande multidão da Galileia o seguia. Também veio a ele muita gente da Judeia e de Jerusalém, da Idumeia e de além do Jordão, e até da região de Tiro e Sidônia, porque ouviram dizer quanta coisa ele fazia. Ele disse aos discípulos que providenciassem um barquinho para ele, a fim de que a multidão não o apertasse. Pois, como tivesse curado a muitos, aqueles que tinham doenças se atiravam sobre ele para tocá-lo. E os espíritos impuros, ao vê-lo, caíam a seus pés, gritando: "Tu és o Filho de Deus."

70

Para ser feliz reconheça sua pobreza, pois o Reino de Deus é dos pobres.

Evangelho de Lucas 6,20

Jesus levantou o olhar para os seus discípulos e disse--lhes: "Felizes vós, os pobres, porque vosso é o Reino de Deus!"

71

Para ser feliz, até na aflição, procure em Deus a sua consolação.

Evangelho de Mateus 5,4

Jesus disse: “Felizes os que choram, porque serão consolados.”

72

Para ser feliz mantenha a serenidade e atingirá seus objetivos.

Evangelho de Mateus 5,5

Jesus disse: "Felizes os mansos, porque receberão a terra em herança."

73

Para ser feliz tenha fome e sede da justiça, pois você será saciado.

Evangelho de Mateus 5,6

Jesus disse: "Felizes os que têm fome e sede da justiça, porque serão saciados."

74

Para ser feliz seja misericordioso e você alcançará misericórdia.

Evangelho de Mateus 5,7

Jesus disse: "Felizes os misericordiosos, porque alcançarão misericórdia."

75

Para ser feliz não tenha medo de chorar, porque depois da lágrima a alegria voltará.

Evangelho de Lucas 6,21b

Jesus disse: "Felizes vós que agora estais chorando, porque haveis de rir!"

76

Para ser feliz seja puro no coração e verá o mundo com os olhos de Deus.

Evangelho de Mateus 5,8

Jesus disse: "Felizes os puros no coração, porque verão a Deus."

77

Para ser feliz promova a paz e você será chamado filho de Deus.

Evangelho de Mateus 5,9

Jesus disse: "Felizes os que promovem a paz, porque serão chamados filhos de Deus."

78

Para ser feliz aceite a perseguição por causa da justiça e terá como recompensa o Reino dos Céus.

Evangelho de Mateus 5,10-12

Jesus disse: "Felizes os perseguidos por causa da justiça, porque deles é o Reino dos Céus. Felizes sois vós, quando vos injuriarem e perseguirem e, mentindo, disserem todo mal contra vós por causa de mim. Alegrai-vos e exultai, porque é grande a vossa recompensa nos céus. Pois foi deste modo que perseguiram os profetas que vieram antes de vós."

79

Ame os seus inimigos e faça o bem aos que odeiam você.

Evangelho de Lucas 6,27

Jesus disse: "Ora, a vós que me escutais, eu digo: amai os vossos inimigos e fazei o bem aos que vos odeiam."

80

Fale bem de quem fala mal de você e reze por aqueles que o caluniam.

Evangelho de Lucas 6,28

Jesus disse: "Falai bem dos que falam mal de vós e orai por aqueles que vos caluniam."

81

Interrompa o círculo vicioso da violência e da vingança.

Evangelho de Lucas 6,29

Jesus disse: "Se alguém te bater numa face, oferece também a outra. E se alguém tomar o teu manto, deixa levar também a túnica."

82

Faça aos outros o que gostaria que os outros fizessem a você.

Evangelho de Lucas 6,31

Jesus disse: "Assim como desejais que os outros vos tratem, tratai-os do mesmo modo."

83

Seja sal da terra; dê sabor ao ambiente em que você vive.

Evangelho de Mateus 5,13

Jesus disse: "Vós sois o sal da terra. Ora, se o sal perde seu sabor, com que se salgará? Não servirá para mais nada, senão para ser jogado fora e pisado pelas pessoas."

84

Seja uma luz para as pessoas.

Evangelho de Mateus 5,15-16

Jesus disse: "Não se acende uma lâmpada para colocá-la debaixo de uma caixa, mas sim no candelabro, onde ela brilha para todos os que estão em casa. Assim também brilhe a vossa luz diante das pessoas, para que vejam as vossas boas obras e louvem o vosso Pai que está nos céus."

85

Procure bons professores, que sejam verdadeiros mestres.

Evangelho de Lucas 6,40

Jesus disse: "O discípulo não está acima do mestre; todo discípulo bem-formado será como o mestre."

86

Você somente será grande se, antes, tornar-se pequeno como uma criança.

Evangelho de Mateus 18,1-4

Naquela hora, os discípulos aproximaram-se de Jesus e perguntaram: "Quem é o maior no Reino dos Céus?" Jesus chamou uma criança, colocou-a no meio deles e disse: "Em verdade vos digo, se não vos converterdes e não vos tornardes como crianças, não entrareis no Reino dos Céus. Quem se faz pequeno como esta criança, esse é o maior no Reino dos Céus."

87

Lembre-se que a desobediência diminui a pessoa.

Evangelho de Mateus 5,17-19a

Jesus disse: "Não penseis que vim abolir a Lei e os Profetas. Não vim para abolir, mas para cumprir. Em verdade, eu vos digo: antes que o céu e a terra deixem de existir, nem uma só letra ou vírgula serão tiradas da Lei, sem que tudo aconteça. Portanto, quem desobedecer a um só destes mandamentos, por menor que seja, e assim ensinar os outros, será considerado o menor no Reino dos Céus."

88

Se você quer ser grande diante de Deus, pratique e ensine a verdade.

Evangelho de Mateus 5,19b

Jesus disse: "Quem praticar e ensinar [os mandamentos] será considerado grande no Reino dos Céus."

89

Não julgue e você não será julgado.

Evangelho de Lucas 6,37

Jesus disse: "Não julgueis e não sereis julgados; não condeneis e não sereis condenados; perdoai e sereis perdoados."

90

Antes de corrigir o outro corrija-se a si mesmo.

Evangelho de Lucas 6,41-42

Jesus disse: "Por que observas o cisco que está no olho do teu irmão, e não reparas na trave que está no teu próprio olho? Como podes dizer a teu irmão: 'Irmão, deixa-me tirar o cisco do teu olho', quando não percebes a trave que está no teu próprio olho? Hipócrita! Tira primeiro a trave que está no teu olho e, então, enxergarás bem para tirar o cisco do olho do teu irmão."

91

Você conhece uma pessoa pelos frutos.

Evangelho de Lucas 6,43-44

Jesus disse: "Não existe árvore boa que dê frutos ruins, nem árvore ruim que dê frutos bons. Cada árvore se reconhece pelo seu fruto. Não se colhem figos de espinheiros, nem uvas de urtigas."

92

A sua boca fala do que o seu coração está cheio.

Evangelho de Lucas 6,45

Jesus disse: "Quem é bom tira coisas boas do tesouro do seu coração, que é bom; mas quem é mau tira coisas más do seu tesouro, que é mau. Pois a boca fala daquilo de que o coração está cheio."

93

Antes de oferecer sua prece a Deus, reconcilie-se com seu irmão.

Evangelho de Mateus 5,23-24

Jesus disse: "Portanto, quando estiveres levando a tua oferenda ao altar e ali te lembrares que teu irmão tem algo contra ti, deixa a tua oferenda diante do altar e vai primeiro reconciliar-te com teu irmão. Só então vai apresentar a tua oferenda."

94

Não basta louvar a Deus; é preciso praticar o que Ele ensina.

Evangelho de Lucas 6,46

Jesus disse: “Por que me chamais: ‘Senhor! Senhor!’, mas não fazeis o que vos digo?”

95

Construa em terreno sólido.

Evangelho de Lucas 6,47-49

Jesus disse: "Vou mostrar-vos com quem se parece todo aquele que vem a mim, ouve as minhas palavras e as põe em prática. É semelhante a alguém que, para construir uma casa, cavou fundo e firmou o alicerce sobre a rocha. Veio a enchente, a correnteza atingiu a casa, mas não conseguiu derrubá-la, porque estava bem-construída. Aquele, porém, que ouve e não põe em prática é semelhante a alguém que construiu uma casa no chão, sem alicerce. A correnteza atingiu a casa, e ela, imediatamente, desabou e ficou totalmente destruída."

96

Corte o mal pela raiz.

Evangelho de Mateus 5,29-30

Jesus disse: “Se teu olho direito te leva à queda, arranca-o e joga-o para longe de ti! De fato, é melhor perderes um de teus membros do que todo o corpo ser lançado ao inferno. Se a tua mão direita te leva à queda, corta-a e joga-a para longe de ti! De fato, é melhor perderes um de teus membros do que todo o corpo ir para o inferno.”

97

Seja fiel.

Evangelho de Mateus 5,31-32

Jesus disse: "Foi dito também: 'Quem despedir sua mulher dê-lhe um atestado de divórcio.' Ora, eu vos digo: todo aquele que despedir sua mulher — fora o caso de união ilícita — faz com que ela se torne adúltera; e quem se casa com a mulher que foi despedida comete adultério."

98

É melhor não fazer promessas do que prometer e não cumprir.

Evangelho de Mateus 5,33-36

Jesus disse: "Ouvistes também que foi dito aos antigos: 'Não jurarás falso', mas 'cumprirás os teus juramentos feitos ao Senhor'. Ora, eu vos digo: não jureis de modo algum, nem pelo céu, porque é o trono de Deus; nem pela terra, porque é o apoio dos seus pés; nem por Jerusalém, porque é a cidade do Grande Rei. Também não jures pela tua cabeça, porque não podes tornar branco ou preto um só fio de cabelo."

99

Seja coerente: seu sim seja sim e seu não seja não!

Evangelho de Mateus 5,37

Jesus disse: "Seja o vosso sim, sim, e o vosso não, não. O que passa disso vem do Maligno."

100

Pague o mal com o bem.

Evangelho de Mateus 5,38-39a.41-42

Jesus disse: "Ouvistes que foi dito: 'Olho por olho e dente por dente!' Ora, eu vos digo: não ofereçais resistência ao malvado! Pelo contrário, [...] se alguém te forçar a acompanhá-lo por um quilômetro, caminha dois com ele! Dá a quem te pedir, e não vires as costas a quem te pede emprestado."

101

Ame sem esperar nada em troca.

Evangelho de Mateus 5,46

Jesus disse: "Se amais somente aqueles que vos amam, que recompensa tereis? Os publicanos não fazem a mesma coisa?"

102

Reze por aqueles que perseguem você.

Evangelho de Mateus 5,43-45

Jesus disse: "Ouvistes que foi dito: 'Amarás o teu próximo e odiarás o teu inimigo!' Ora, eu vos digo: Amai os vossos inimigos e orai por aqueles que vos perseguem! Assim vos tornareis filhos do vosso Pai que está nos céus; pois ele faz nascer o seu sol sobre maus e bons e faz cair a chuva sobre justos e injustos."

103

Cumprimente todas as pessoas, sem distinção.

Evangelho de Mateus 5,47

Jesus disse: "E se saudais somente os vossos irmãos, que fazeis de extraordinário? Os pagãos não fazem a mesma coisa?"

104

Busque a perfeição em tudo aquilo que você faz.

Evangelho de Mateus 5,48

Jesus disse: "Sede, portanto, perfeitos como o vosso Pai celeste é perfeito."

105

Faça o bem sem esperar elogios.

Evangelho de Mateus 6,1

Jesus disse: "Cuidado! Não pratiqueis vossa justiça na frente dos outros, só para serdes notados. De outra forma, não recebereis recompensa do vosso Pai que está nos céus."

106

Quando jejuar não faça cara de lamentação, mas passe perfume.

Evangelho de Mateus 6,16-18

Jesus disse: "Quando jejuardes, não fiqueis de rosto triste como os hipócritas. Eles desfiguram o rosto, para figurar aos outros que estão jejuando. Em verdade vos digo: já receberam sua recompensa. Tu, porém, quando jejuares, perfuma a cabeça e lava o rosto, para que os outros não vejam que estás jejuando, mas somente teu Pai, que está no escondido. E o teu Pai, que vê no escondido, te dará a recompensa."

107

Quando der esmolas não toque trombetas.

Evangelho de Mateus 6,2-4

Jesus disse: "Por isso, quando deres esmola, não mandes tocar a trombeta diante de ti, como fazem os hipócritas nas sinagogas e nas ruas, para serem elogiados pelos outros. Em verdade vos digo: já receberam sua recompensa. Tu, porém, quando deres esmola, não saiba tua mão esquerda o que faz a direita, de modo que tua esmola fique escondida. E o teu Pai, que vê no escondido, te dará a recompensa."

108

Quando rezar não multiplique palavras apenas para ser ouvido por todos.

Evangelho de Mateus 6,5-7

Jesus disse: "Quando orardes, não sejais como os hipócritas, que gostam de orar nas sinagogas e nas esquinas das praças, em posição de serem vistos pelos outros. Em verdade vos digo: já receberam a sua recompensa. Tu, porém, quando orares, entra no teu quarto, fecha a porta e ora ao teu Pai que está no escondido. E o teu Pai, que vê no escondido, te dará a recompensa. Quando orardes, não useis de muitas palavras, como fazem os pagãos. Eles pensam que serão ouvidos por força das muitas palavras."

109

Antes mesmo de você rezar, Deus já sabe do que você precisa.

Evangelho de Mateus 6,8b

Jesus disse: "O vosso Pai sabe do que precisais, antes de vós o pedirdes."

110

Ao rezar, lembre-se que o Pai é nosso e o pão também é nosso. Somos irmãos e devemos partilhar.

Evangelho de Mateus 6,9-13

Jesus disse: "Vós, portanto, orai assim: Pai nosso que estás nos céus, santificado seja o teu nome; venha o teu Reino; seja feita a tua vontade, como no céu, assim também na terra. O pão nosso de cada dia dá-nos hoje. Perdoa as nossas dívidas, assim como nós perdoamos aos que nos devem. E não nos introduzas em tentação, mas livra-nos do Maligno."

111

Prefira juntar tesouros no céu a acumular riquezas na terra.

Evangelho de Mateus 6,19-20

Jesus disse: "Não ajunteis tesouros aqui na terra, onde a traça e a ferrugem destroem e os ladrões assaltam e roubam. Ao contrário, ajuntai para vós tesouros no céu, onde a traça e a ferrugem não destroem, nem os ladrões assaltam e roubam."

112

Você apenas coloca todo o coração naquilo que realmente valoriza.

Evangelho de Mateus 6,21

Jesus disse: “Pois onde estiver o teu tesouro, aí estará também o teu coração.”

113

Você não pode servir a Deus e às riquezas.

Evangelho de Mateus 6,24

Jesus disse: "Ninguém pode servir a dois senhores: ou vai odiar o primeiro e amar o outro, ou aderir ao primeiro e desprezar o outro. Não podeis servir a Deus e ao dinheiro!"

114

Confie na providência de Deus!

Evangelho de Mateus 6,25-29

Jesus disse: "Por isso, eu vos digo: não vivais preocupados com o que comer ou beber, quanto à vossa vida; nem com o que vestir, quanto ao vosso corpo. Afinal, a vida não é mais que o alimento, e o corpo, mais que a roupa? Olhai os pássaros do céu: não semeiam, não colhem, nem guardam em celeiros. No entanto, o vosso Pai celeste os alimenta. Será que vós não valeis mais do que eles? Quem de vós pode, com sua preocupação, acrescentar um só dia à duração de sua vida? E por que ficar tão preocupados com a roupa? Olhai como crescem os lírios do campo. Não trabalham, nem fiam. No entanto, eu vos digo, nem Salomão, em toda a sua glória, jamais se vestiu como um só dentre eles."

115

Busque primeiro as coisas de Deus, e as outras virão por acréscimo.

Evangelho de Mateus 6,33

Jesus disse: "Buscai em primeiro lugar o Reino de Deus e a sua justiça, e todas essas coisas vos serão dadas por acréscimo."

116

Não se pré-ocupe com o dia de amanhã.

Evangelho de Mateus 6,34

Jesus disse: "Portanto, não vos preocupeis com o dia de amanhã, pois o dia de amanhã terá sua própria preocupação! A cada dia basta o seu mal."

117

Com a mesma medida com que você medir, será medido.

Evangelho de Mateus 7,1-2

Jesus disse: "Não julgueis, e não sereis julgados. Pois com o mesmo julgamento com que julgardes os outros sereis julgados; e a mesma medida que usardes para os outros servirá para vós."

118

Não jogue pérolas aos porcos.

Evangelho de Mateus 7,6

Jesus disse: "Não deis aos cães o que é santo, nem jogueis vossas pérolas diante dos porcos. Pois estes, ao pisoteá-las, se voltariam contra vós e vos estraçalhariam."

119

Se você pedir, receberá; se buscar, achará; se bater, a porta se abrirá!

Evangelho de Mateus 7,7-8

Jesus disse: "Pedi e vos será dado! Procurai e encontrareis! Batei e a porta vos será aberta! Pois todo aquele que pede recebe, quem procura encontra, e a quem bate a porta será aberta."

120

Deus sabe o que é melhor para você.

Evangelho de Mateus 7,9-11

Jesus disse: "Quem de vós dá ao filho uma pedra, quando ele pede um pão? Ou lhe dá uma cobra, quando ele pede um peixe? Ora, se vós, que sois maus, sabeis dar coisas boas aos vossos filhos, quanto mais vosso Pai que está nos céus dará coisas boas aos que lhe pedirem!"

121

Cuidado com os lobos em peles de ovelha!

Evangelho de Mateus 7,15

Jesus disse: "Cuidado com os falsos profetas: eles vêm até vós vestidos de ovelha, mas por dentro são lobos ferozes."

122

Os maiores testemunhos de fé nem sempre estão dentro das igrejas.

Evangelho de Mateus 8,5-10

Quando Jesus entrou em Cafarnaum, um centurião aproximou-se dele, suplicando: "Senhor, o meu criado está de cama, lá em casa, paralisado e sofrendo demais." Ele respondeu: "Vou curá-lo." O centurião disse: "Senhor, eu não sou digno de que entres em minha casa. Dize uma só palavra e o meu criado ficará curado. Pois eu, mesmo sendo subalterno, tenho soldados sob as minhas ordens; e se ordeno a um: 'Vai!', ele vai, e a outro: 'Vem!', ele vem; e se digo ao meu escravo: 'Faze isto!', ele faz." Ao ouvir isso, Jesus ficou admirado e disse aos que o estavam seguindo: "Em verdade, vos digo: em ninguém em Israel encontrei tanta fé."

123

Console os aflitos.

Evangelho de Lucas 7,11-15

Em seguida, Jesus foi a uma cidade chamada Naim. Os seus discípulos e uma grande multidão iam com ele. Quando chegou à porta da cidade, coincidiu que levavam um morto para enterrar, um filho único, cuja mãe era viúva. Uma grande multidão da cidade a acompanhava. Ao vê-la, o Senhor encheu-se de compaixão por ela e disse: "Não chores!" Aproximando-se, tocou no caixão, e os que o carregavam pararam. Ele ordenou: "Jovem, eu te digo, levanta-te!" O que estava morto sentou-se e começou a falar. E Jesus o entregou à sua mãe.

124

Mostre quem você é mais com gestos do que com palavras.

Evangelho de Lucas 7,20-22

Eles foram ter com Jesus e disseram: "João Batista nos mandou a ti para perguntar se tu és aquele que há de vir ou se devemos esperar outro." Naquela ocasião, Jesus havia curado a muitos de suas doenças, moléstias e espíritos malignos, e proporcionado a vista a muitos cegos. Respondeu, pois: "Ide contar a João o que vistes e ouvistes: cegos recuperam a vista, paralíticos andam, leprosos são purificados e surdos ouvem, mortos ressuscitam e a pobres se anuncia a Boa-Nova."

125

Não tenha vergonha de dar testemunho público de sua fé.

Evangelho de Lucas 7,23

Jesus disse: "Feliz de quem não se escandaliza a meu respeito."

126

Reconheça o valor das pessoas.

Evangelho de Lucas 7,28

Jesus disse: "Eu vos digo: entre todos os nascidos de mulher não há ninguém maior do que João. No entanto, o menor no Reino de Deus é maior do que ele."

127

Você jamais conseguirá agradar a todos.

Evangelho de Lucas 7,31-34

Jesus disse: "Com quem, então, vou comparar as pessoas desta geração? Com quem são parecidas? São parecidas com crianças sentadas nas praças, que gritam umas para as outras: 'Tocamos flauta para vós e não dançastes! Entoamos cantos de luto e não chorastes!' Veio João Batista, que não come, nem bebe vinho, e dizeis: 'Tem um demônio!' Veio o Filho do Homem, que come e bebe, e dizeis: 'É um comilão e beberrão, amigo de publicanos e de pecadores!'"

128

Demonstre a sabedoria por meio das obras.

Evangelho de Lucas 7,35

Jesus disse: "Ora, a sabedoria é reconhecida por todos os seus filhos."

129

Não duvide de milagres; eles acontecem para fortalecer a sua fé.

Evangelho de Lucas 10,13

Jesus disse: "Ai de ti, Corazim! Ai de ti, Betsaida! Se em Tiro e Sidônia se tivessem realizado os milagres feitos no meio de vós, há muito tempo teriam demonstrado arrependimento, vestindo-se de saco e sentando-se sobre a cinza."

130

Prefira a simplicidade.

Evangelho de Mateus 11,25

Naquela ocasião, Jesus pronunciou estas palavras: "Eu te louvo, Pai, Senhor do céu e da terra, porque escondeste estas coisas aos sábios e entendidos e as revelaste aos pequeninos."

131

Se estiver cansado, procure o colo de Deus e encontrará repouso.

Evangelho de Mateus 11,28

Jesus disse: "Vinde a mim, todos vós que estais cansados e carregados de fardos, e eu vos darei descanso."

132

Aprenda a ter um coração leve, manso, humilde e sereno.

Evangelho de Mateus 11,29-30

Jesus disse: "Tomai sobre vós o meu jugo e sede discípulos meus, porque sou manso e humilde de coração, e encontrareis descanso para vós. Pois o meu jugo é suave e o meu fardo é leve."

133

Se você reconhecer-se um pecador perdoado, amará muito mais a Deus.

Evangelho de Lucas 7,47

Jesus disse: "Por isso te digo: os muitos pecados que ela cometeu estão perdoados, pois ela mostrou muito amor. Aquele, porém, a quem menos se perdoa, ama menos."

134

Se você tiver fé alcançará a paz.

Evangelho de Lucas 7,48-50

Em seguida, disse à mulher: "Teus pecados estão perdoados." Os convidados começaram a comentar entre si: "Quem é este que até perdoa pecados?" Jesus, por sua vez, disse à mulher: "Tua fé te salvou. Vai em paz!"

135

Não promova divisões, pois a ruína será certa.

Evangelho de Lucas 11,15-17

Alguns, porém, disseram: "É pelo poder de Beelzebu, o chefe dos demônios, que ele expulsa os demônios." Outros, para tentar Jesus, pediam-lhe um sinal do céu. Mas, conhecendo seus pensamentos, ele disse-lhes: "Todo reino dividido internamente será destruído; cairá uma casa sobre a outra."

136

Persevere na virtude, pois o vício sempre volta pior na segunda vez.

Evangelho de Lucas 11,24-26

Jesus disse: "Quando o espírito impuro sai de alguém, fica vagando por lugares áridos, à procura de repouso. Não o encontrando, diz: 'Vou voltar para minha casa de onde saí.' Chegando aí, encontra a casa varrida e arrumada. Então ele vai e traz outros sete espíritos piores do que ele, que entram e se instalam aí. No fim, o estado dessa pessoa fica pior do que antes."

137

Quer fazer parte da família de Deus? Escute Sua Palavra e coloque-a em prática.

Evangelho de Lucas 8,19-21

Sua mãe e seus irmãos vieram ter com ele, mas não podiam se aproximar, por causa da multidão. Alguém lhe comunicou: "Tua mãe e teus irmãos estão lá fora e querem te ver." Ele respondeu: "Minha mãe e meus irmãos são estes: os que ouvem a Palavra de Deus e a põem em prática."

138

Se você tem ouvidos para ouvir, ouça!

Evangelho de Lucas 8,4-8

Ajuntou-se uma grande multidão, e de todas as cidades iam até Jesus. Ele, então, contou uma parábola: "O semeador saiu a semear. Ao semear, uma parte da semente caiu à beira do caminho e foi pisada; e os pássaros do céu a comeram. Outra parte caiu sobre as pedras; brotou, mas secou, por falta de umidade. Outra parte caiu entre os espinhos e, crescendo ao mesmo tempo, os espinhos a sufocaram. Ainda outra parte caiu em terra boa; brotou e deu frutos, até cem por um." Depois de dizer isso, ele exclamou: "Quem tem ouvidos para ouvir, ouça!"

139

Medite a Palavra de Deus. Ela é uma semente que dá bons frutos quando cai em terra boa.

Evangelho de Lucas 8,15

Jesus disse: "[A semente] que caiu em terra boa são aqueles que, ouvindo com um coração bom e generoso, conservam a Palavra e dão fruto pela perseverança."

140

De vez em quando pergunte aos seus amigos o que estão dizendo de você por aí.

Evangelho de Lucas 9,18

Jesus estava orando, a sós, e os discípulos estavam com ele. Então, perguntou-lhes: "Quem dizem as multidões que eu sou?"

141

Revele alguns segredos aos seus melhores amigos.

Evangelho de Lucas 10,22-24

Jesus disse: "Tudo me foi entregue por meu Pai, e ninguém conhece o Filho, a não ser o Pai; e ninguém conhece o Pai, a não ser o Filho e aquele a quem o Filho o quiser revelar." E voltando-se para os discípulos em particular, disse-lhes: "Felizes os olhos que veem o que vós estais vendo! Pois eu vos digo: muitos profetas e reis quiseram ver o que vós estais vendo, e não viram; quiseram ouvir o que estais ouvindo, e não ouviram."

142

Não basta crer com superficialidade.

Evangelho de Lucas 8,11.13

Jesus disse: "A parábola quer dizer o seguinte: a semente é a Palavra de Deus. [...] Os que ficam sobre as pedras são os que ouvem e acolhem a palavra com alegria, mas não têm raízes. Por um momento, acreditam, mas quando chega a tentação, desistem."

143

As preocupações, as riquezas e os prazeres podem colocar a sua fé em risco.

Evangelho de Lucas 8,14

Jesus disse: "[A semente] que caiu entre os espinhos são os que escutam, mas vivendo em meio às preocupações, às riquezas e aos prazeres da vida, são sufocados e não chegam a amadurecer."

144

Se quiser mergulhar nos mistérios de Deus, veja para além das evidências e escute com o coração.

Evangelho de Lucas 8,10

Jesus, então, lhes disse: "A vós foi dado conhecer os mistérios do Reino de Deus. Aos outros, porém, só por meio de parábolas, de modo que, olhando, não enxergam e, ouvindo, não entendem."

145

Você não pode esconder nada de Deus.

Evangelho de Lucas 8,17

Jesus disse: "Ora, nada há de escondido que não venha a ser descoberto. Nada há de secreto que não venha a ser conhecido e se tornar público."

146

Dê mais atenção ao trigo do que às ervas daninhas.

Evangelho de Mateus 13,30

Jesus disse: "Deixai crescer um e outro até a colheita. No momento da colheita, direi aos que cortam o trigo: retirai primeiro o joio e amarrai-o em feixes para ser queimado! O trigo, porém, guardai-o no meu celeiro!"

147

Para ter uma grande árvore cultive pequenas sementes.

Evangelho de Mateus 13,31-32

Jesus apresentou-lhes outra parábola ainda: "O Reino dos Céus é como um grão de mostarda que alguém pegou e semeou no seu campo. Embora seja a menor de todas as sementes, quando cresce, fica maior que as outras hortaliças e torna-se um arbusto, a tal ponto que os pássaros do céu vêm fazer ninhos em seus ramos."

148

Se você tiver Deus em sua vida irá contagiar o ambiente em que vive.

Evangelho de Lucas 13,20-21

Jesus disse ainda: "Com que mais poderei comparar o Reino de Deus? É como o fermento que uma mulher pegou e escondeu em três porções de farinha, até tudo ficar fermentado."

149

Invista tudo naquilo que realmente vale a pena: o Reino dos Céus!

Evangelho de Mateus 13,44-46

Jesus disse: "O Reino dos Céus é como um tesouro escondido num campo. Alguém o encontra, deixa-o lá bem escondido e, cheio de alegria, vai vender todos os seus bens e compra aquele campo. O Reino dos Céus é também como um negociante que procura pérolas preciosas. Ao encontrar uma de grande valor, ele vai, vende todos os bens e compra aquela pérola."

150

Seja sincero. Revele às pessoas os desafios que estão pela frente. Não venda ilusões.

Evangelho de Lucas 9,57-58

Enquanto estavam a caminho, alguém disse a Jesus: "Eu te seguirei aonde quer que tu vás." Jesus respondeu: "As raposas têm tocas e os pássaros do céu têm ninhos; mas o Filho do Homem não tem onde reclinar a cabeça."

151

Não viva em função daqueles que já morreram.

Evangelho de Lucas 9,59-60

Então disse a outro: "Segue-me." Este respondeu: "Permite-me primeiro ir enterrar meu pai." Jesus respondeu: "Deixa que os mortos enterrem os seus mortos; mas tu, vai e anuncia o Reino de Deus."

152

Se você quer seguir os caminhos de Deus, renuncie a si mesmo e aceite a sua cruz.

Evangelho de Lucas 9,22-23

E explicou: "É necessário o Filho do Homem sofrer muito e ser rejeitado pelos anciãos, sumos sacerdotes e escribas, ser morto e, no terceiro dia, ressuscitar." Depois, Jesus começou a dizer a todos: "Se alguém quer vir após mim, renuncie a si mesmo, tome sua cruz, cada dia, e siga-me."

153

Não tenha vergonha de chorar. Uma lágrima fala mais que mil discursos.

Evangelho de João 11,32-36

Maria foi para o lugar onde estava Jesus. Quando o viu, caiu de joelhos diante dele e disse-lhe: "Senhor, se tivesses estado aqui, meu irmão não teria morrido." Quando Jesus a viu chorar, e os que estavam com ela, comoveu-se interiormente e perturbou-se. Ele perguntou: "Onde o pusestes?" Responderam: "Vem ver, Senhor!" Jesus teve lágrimas. Os judeus então disseram: "Vede como ele o amava!"

154

De que adianta você ganhar o mundo inteiro, se perde e destrói a si mesmo?

Evangelho de Lucas 9,25

Jesus disse: "Com efeito, de que adianta a alguém ganhar o mundo inteiro, se vier a perder-se e a arruinar a si mesmo?"

155

Não se envergonhe de sua religião.

Evangelho de Lucas 9,26

Jesus disse: "Se alguém se envergonhar de mim e das minhas palavras, o Filho do Homem também se envergonhará dele quando vier na sua glória, na glória do Pai e dos santos anjos."

156

Se você acolher uma criança acolherá o próprio Deus.

Evangelho de Lucas 9,47-48

Sabendo o que estavam pensando, Jesus pegou uma criança, colocou-a perto de si e disse-lhes: "Quem receber em meu nome esta criança estará recebendo a mim mesmo. E quem me receber estará recebendo Aquele que me enviou. Pois aquele que entre todos vós for o menor, esse é o maior."

157

Não estimule nem apoie reações intempestivas das pessoas.

Evangelho de Lucas 9,53-56

Mas os samaritanos não o queriam receber, porque mostrava estar indo para Jerusalém. Vendo isso, os discípulos Tiago e João disseram: "Senhor, queres que mandemos descer fogo do céu, para que os destrua?" Ele, porém, voltou-se e os repreendeu. E partiram para outro povoado.

158

Seja um operário da obra de Deus.

Evangelho de Lucas 10,1-2

O Senhor escolheu outros setenta e dois e enviou-os, dois a dois, à sua frente, a toda cidade e lugar para onde ele mesmo devia ir. E dizia-lhes: "A colheita é grande, mas os trabalhadores são poucos. Pedi, pois, ao Senhor da colheita que mande trabalhadores para sua colheita."

159

Quando viajar não leve malas pesadas.

Evangelho de Lucas 9,3

E disse-lhes: "Não leveis nada pelo caminho: nem cajado, nem sacola, nem pão, nem dinheiro, nem duas túnicas."

160

Jogue fora as mágoas e siga seu caminho.

Evangelho de Lucas 9,5

Jesus disse: "Quanto àqueles que não vos acolherem, ao sairdes daquela cidade, sacudi a poeira dos vossos pés, para que sirva de testemunho contra eles."

161

Quando chegar a algum lugar transmita a todos a paz.

Evangelho de Lucas 10,5-6

Jesus disse: "Em qualquer casa em que entrardes, dizei primeiro: 'A paz esteja nesta casa!' Se ali morar um amigo da paz, a vossa paz repousará sobre ele; senão, ela retornará a vós."

162

Valorize o alimento que alguém generosamente lhe oferece.

Evangelho de Lucas 10,7-9

Jesus disse: “Permanecei naquela mesma casa; comei e bebei do que tiverem, porque o trabalhador tem direito a seu salário. Não passeis de casa em casa. Quando entrardes numa cidade e fordes bem-recebidos, comei do que vos servirem, curai os doentes que nela houver e dizei: ‘O Reino de Deus está próximo de vós.’”

163

Siga com os olhos fixos na meta, pois quem olha para trás desvia-se do caminho.

Evangelho de Lucas 9,62

Jesus, porém, respondeu-lhes: "Quem põe a mão no arado e olha para trás não está apto para o Reino de Deus."

164

Permaneça firme e será bem-sucedido.

Evangelho de Lucas 21,19

Jesus disse: "É pela vossa perseverança que conseguireis salvar a vossa vida!"

165

Não tenha medo daqueles que matam o corpo, mas apenas daqueles que podem matar a sua alma.

Evangelho de Lucas 12,4

Jesus disse: "A vós, porém, meus amigos, eu digo: não tenhais medo dos que matam o corpo e depois não podem fazer mais nada."

166

Deus cuida até dos pardais; você vale mais do que muitos pardais.

Evangelho de Lucas 12,6-7

Jesus disse: "Não se vendem cinco pardais por duas moedinhas? No entanto, nenhum deles é esquecido por Deus. Até mesmo os cabelos de vossa cabeça estão todos contados. Não tenhais medo! Vós valeis mais do que muitos pardais."

167

Transmita sua visão aos seus colaboradores.

Evangelho de Mateus 17,1-2

Seis dias depois, Jesus levou consigo Pedro, Tiago e João, seu irmão, e os fez subir a um lugar retirado, numa alta montanha. E foi transfigurado diante deles: seu rosto brilhou como o sol e suas roupas ficaram brancas como a luz.

168

Saiba que o conflito faz parte da vida.

Evangelho de Lucas 12,51-53

Jesus disse: "Pensais que eu vim trazer a paz à terra? Pelo contrário, eu vos digo, vim trazer a divisão. Pois daqui em diante, numa família de cinco pessoas, três ficarão divididas contra duas e duas contra três; ficarão divididos: pai contra filho e filho contra pai; mãe contra filha e filha contra mãe; sogra conta nora e nora contra sogra."

169

Se você quer apenas ganhar, acabará perdendo; mas se aceitar perder, ganhará!

Evangelho de Lucas 17,33

Jesus disse: "Quem procurar salvar a vida vai perdê-la; e quem a perder vai salvá-la."

170

O que torna você impuro é antes o que sai do que aquilo que entra pela boca.

Evangelho de Marcos 7,14-15

Chamando outra vez a multidão, dizia: "Escutai-me, vós todos, e compreendei! Nada que, de fora, entra na pessoa pode torná-la impura. O que sai da pessoa é que a torna impura."

171

Quem tudo quer tudo perde.

Evangelho de Mateus 16,26

Jesus disse: "De fato, que adianta a alguém ganhar o mundo inteiro, se perde a própria vida? Ou que poderá alguém dar em troca da própria vida?"

172

Tudo será possível se você tiver fé.

Evangelho de Marcos 9,23

Jesus disse: "Se podes...? Tudo é possível para quem crê."

173

Se você quer ser um vencedor seja um líder servidor.

Evangelho de Marcos 9,35

Jesus sentou-se, chamou os Doze e lhes disse: "Se alguém quiser ser o primeiro, seja o último de todos, aquele que serve a todos!"

174

Desencoraje a intolerância religiosa.

Evangelho de Marcos 9,38-40

João disse a Jesus: "Mestre, vimos alguém expulsar demônios em teu nome. Mas nós o proibimos, porque ele não andava conosco." Jesus, porém, disse: "Não o proibais, pois ninguém que faz milagres em meu nome poderá logo depois falar mal de mim. Quem não é contra nós está a nosso favor."

175

Saiba perdoar, mas ajude a não pecar. Corrija!

Evangelho de Lucas 17,3-4

Jesus disse: "Cuidado, portanto! Se teu irmão pecar, repreende-o. Se ele se arrepender, perdoa-lhe. Se pecar contra ti sete vezes num só dia, e sete vezes vier a ti, dizendo: 'Estou arrependido', perdoa-lhe."

176

Deus se faz presente onde você promove a união.

Evangelho de Mateus 18,19-20

Jesus disse: "Eu vos digo mais isto: se dois de vós estiverem de acordo, na terra, sobre qualquer coisa que quiserem pedir, meu Pai que está nos céus o concederá. Pois onde dois ou três estiverem reunidos em meu nome, eu estou ali, no meio deles."

177

Perdoe sempre!

Evangelho de Mateus 18,21-22

Pedro dirigiu-se a Jesus perguntando: "Senhor, quantas vezes devo perdoar, se meu irmão pecar contra mim? Até sete vezes?" Jesus respondeu: "Digo-te, não até sete vezes, mas até setenta vezes sete vezes."

178

Não julgue pelas aparências.

Evangelho de João 7,24

Jesus disse: "Não julgueis pelas aparências; julgai de acordo com a justiça."

179

Se você saciar a sua sede em Deus, se tornará uma fonte.

Evangelho de João 7,37-38

No último e mais importante dia da festa, Jesus, de pé, exclamou: "Se alguém tem sede, venha a mim, e beba quem crê em mim" — conforme diz a Escritura: "Do seu interior correrão rios de água viva."

180

Não faça julgamentos precipitados; lembre-se de seus próprios pecados.

Evangelho de João 8,3-7

Os escribas e os fariseus trouxeram uma mulher apanhada em adultério. Colocando-a no meio, disseram a Jesus: "Mestre, esta mulher foi flagrada cometendo adultério. Moisés, na Lei, nos mandou apedrejar tais mulheres. E tu, que dizes?" Eles perguntavam isso para experimentá-lo e ter motivo para acusá-lo. Mas Jesus, inclinando-se, começou a escrever no chão, com o dedo. Como insistissem em perguntar, Jesus ergueu-se e disse: "Quem dentre vós não tiver pecado atire a primeira pedra!"

181

Quer possuir a luz da vida? Caminhe na luz de Deus.

Evangelho de João 8,12

Jesus falou ainda: "Eu sou a luz do mundo. Quem me segue não caminha nas trevas, mas terá a luz da vida."

182

Se você permanecer na Palavra de Deus, conhecerá a verdade, e a verdade o libertará.

Evangelho de João 8,31-32

Jesus, então, disse aos judeus que acreditaram nele: “Se permanecerdes em minha palavra, sereis verdadeiramente meus discípulos, e conhecereis a verdade, e a verdade vos tornará livres.”

183

Se você comete um pecado torna-se escravo do pecado.

Evangelho de João 8,33-34

Eles responderam: "Nós somos descendentes de Abraão e nunca fomos escravos de ninguém. Como podes dizer: 'Vós vos tornareis livres'?" Jesus respondeu: "Em verdade, em verdade, vos digo: todo aquele que comete o pecado é escravo do pecado."

184

Entre pela porta da salvação que é o Coração de Deus.

Evangelho de João 10,9

Jesus disse: "Eu sou a porta. Quem entrar por mim será salvo; poderá entrar e sair, e encontrará pastagem."

185

Reconheça que Deus é o seu pastor e deu a vida por você!

Evangelho de João 10,11

Jesus disse: "Eu sou o bom pastor. O bom pastor dá a vida por suas ovelhas."

186

Use a sua liberdade para doar-se pelas pessoas.

Evangelho de João 10,18

Jesus disse: "Ninguém me tira a vida, mas eu a dou por própria vontade. Eu tenho poder de dá-la, como tenho poder de recebê-la de novo. Tal é o encargo que recebi do meu Pai."

187

Saiba que Deus veio ao mundo para que você tenha vida, e vida plena!

Evangelho de João 10,10

Jesus disse: "O ladrão vem só para roubar, matar e destruir. Eu vim para que tenham vida, e a tenham em abundância."

188

Deixe Deus falar por meio de você.

Evangelho de Lucas 10,16

Jesus disse: "Quem vos escuta, a mim escuta; e quem vos despreza, a mim despreza; ora, quem me despreza, despreza aquele que me enviou."

189

A maior vitória de sua vida será ter o seu nome escrito no céu.

Evangelho de Lucas 10,19-20

Jesus disse: "Eu vos dei o poder de pisar em cobras e escorpiões, e sobre toda a força do inimigo. Nada vos poderá fazer mal. Contudo, não vos alegreis porque os espíritos se submetem a vós. Antes, ficai alegres porque vossos nomes estão escritos nos céus."

190

Se você anda preocupado com mil coisas, lembre-se que Deus é o único necessário.

Evangelho de Lucas 10,41-42

O Senhor, porém, lhe respondeu: "Marta, Marta! Tu te preocupas e andas agitada com muitas coisas. No entanto, uma só é necessária. Maria escolheu a melhor parte e esta não lhe será tirada."

191

Se você não estiver com Deus, estará contra Deus.

Evangelho de Lucas 11,23

Jesus disse: "Quem não está comigo é contra mim; e quem não recolhe comigo espalha."

192

Não teste a paciência de Deus pedindo sinais.

Evangelho de Lucas 11,29

Acorrendo as multidões em grande número, Jesus começou a dizer: "Esta geração é uma geração perversa. Busca um sinal, mas nenhum sinal lhe será dado, a não ser o sinal de Jonas."

193

Sua vida não depende de seus bens.

Evangelho de Lucas 12,15

E disse-lhes: “Atenção! Guardai-vos de todo tipo de ganância, pois mesmo que se tenha muitas coisas, a vida não consiste na abundância de bens.”

194

Reconheça os limites do seu ponto de vista. Aceite a visão do outro.

Evangelho de Lucas 11,34-36

Jesus disse: "A lâmpada que ilumina o corpo é o olho. Se teu olho for simples, ficarás todo cheio de luz; mas se teu olho for ruim, ficarás todo em trevas! Examina, pois, se a luz em ti não são trevas! Se então teu corpo estiver todo cheio de luz, sem traço algum de escuridão, ficarás totalmente iluminado, como acontece quando a lâmpada te ilumina com seu clarão."

195

Viva bem o dia de hoje, pois o futuro a Deus pertence.

Evangelho de Lucas 12,39-40

Jesus disse: “Ficai certos: se o dono da casa soubesse a que horas viria o ladrão, não deixaria que fosse arrombada sua casa. Vós também ficai preparados! Pois na hora em que menos pensais, virá o Filho do Homem.”

196

Se você quer entrar no céu, prepare-se para passar pelas portas estreitas desta vida.

Evangelho de Lucas 13,24

Jesus disse: “Esforçai-vos por entrar pela porta estreita. Pois eu vos digo que muitos tentarão entrar e não conseguirão.”

197

Os últimos serão os primeiros, e os primeiros serão os últimos.

Evangelho de Lucas 13,30

Jesus disse: “E assim há últimos que serão primeiros, e primeiros que serão últimos.”

198

Eduque pelo exemplo.

Evangelho de Lucas 14,3-4

Tomando a palavra, Jesus disse aos doutores da Lei e aos fariseus: “Em dia de sábado, é permitido curar ou não?” Eles ficaram em silêncio. Então Jesus tomou o homem pela mão, curou-o e o despediu.

199

Faça o bem sem olhar a quem.

Evangelho de Lucas 14,13-14

Jesus disse: "Quando deres um banquete, convida os pobres, os aleijados, os coxos, os cegos! Então serás feliz, pois estes não têm como te retribuir! Receberás a recompensa na ressurreição dos justos."

200

Antes de começar a construir, calcule os gastos.

Evangelho de Lucas 14,28-30

Jesus disse: "De fato, se algum de vós quer construir uma torre, não se senta primeiro para calcular os gastos, para ver se tem o suficiente para terminar? Caso contrário, ele vai pôr o alicerce e não será capaz de acabar. E todos os que virem isso começarão a zombar: 'Este homem começou a construir e não foi capaz de acabar!'"

201

Se você mudar de vida, haverá uma festa no céu!

Evangelho de Lucas 15,7

Jesus disse: "Eu vos digo: assim haverá no céu alegria por um só pecador que se converte, mais do que por noventa e nove justos que não precisam de conversão."

202

Não provoque escândalos.

Evangelho de Lucas 17,1

Jesus disse a seus discípulos: "É inevitável que ocorram escândalos, mas ai daquele que os provoca!"

203

A fé realiza coisas incríveis.

Evangelho de Lucas 17,6

O Senhor respondeu: "Se tivésseis fé, mesmo pequena como um grão de mostarda, poderíeis dizer a esta amoreira: 'Arranca-te daqui e planta-te no mar', e ela vos obedeceria."

204

Não seja movido pela remuneração.

Evangelho de Lucas 17,10

Jesus disse: "Assim também vós: quando tiverdes feito tudo o que vos mandaram, dizei: 'Somos simples servos; fizemos o que devíamos fazer.'"

205

Lembre-se que o céu começa na terra.

Evangelho de Lucas 17,20-21

Os fariseus perguntaram a Jesus sobre o momento em que chegaria o Reino de Deus. Ele respondeu: "O Reino de Deus não vem ostensivamente. Nem se poderá dizer: 'Está aqui', ou: 'Está ali', pois o Reino de Deus está no meio de vós."

206

Se quiser entrar no céu, cumpra os mandamentos.

Evangelho de Mateus 19,16-19

Alguém aproximou-se de Jesus e disse: "Mestre, que devo fazer de bom para ter a vida eterna?" Ele respondeu: "Por que me perguntas sobre o que é bom? Um só é bom. Se queres entrar na vida, observa os mandamentos." — "Quais?", perguntou ele. Jesus respondeu: "Não cometerás homicídio, não cometerás adultério, não roubarás, não levantarás falso testemunho, honra pai e mãe, ama teu próximo como a ti mesmo."

207

Se você quer ser perfeito, deixe tudo para servir a Deus.

Evangelho de Mateus 19,21

Jesus respondeu: "Se queres ser perfeito, vai, vende os teus bens, dá o dinheiro aos pobres, e terás um tesouro no céu. Depois, vem e segue-me."

208

Como é difícil às pessoas apegadas à riqueza entrarem no céu.

Evangelho de Mateus 19,23-26

Então Jesus disse aos discípulos: "Em verdade vos digo, dificilmente um rico entrará no Reino dos Céus. E digo ainda: é mais fácil um camelo passar pelo buraco de uma agulha do que um rico entrar no Reino de Deus." Ouvindo isso, os discípulos ficaram perplexos e perguntaram: "Quem, pois, poderá salvar-se?" Jesus olhou bem para eles e disse: "Humanamente isso é impossível, mas para Deus tudo é possível."

209

Creia: para Deus tudo é possível.

Evangelho de Mateus 19,26

Jesus olhou bem para eles e disse: "Humanamente isso é impossível, mas para Deus tudo é possível."

210

Se você deixar tudo para seguir o caminho de Deus, terá como recompensa a vida eterna.

Evangelho de Mateus 19,29

Jesus disse: "E todo aquele que tiver deixado casas, irmãos, irmãs, pai, mãe, filhos ou campos, por causa do meu nome, receberá cem vezes mais e terá como herança a vida eterna."

211

Não motive as pessoas por meio da ambição.

Evangelho de Mateus 20,20-23

A mãe dos filhos de Zebedeu, com seus filhos, aproximou-se de Jesus e prostrou-se para lhe fazer um pedido. Ele perguntou: "Que queres?" Ela respondeu: "Manda que estes meus dois filhos se sentem, no teu Reino, um à tua direita e outro à tua esquerda." Jesus disse: "Não sabeis o que estais pedindo. Podeis beber o cálice que eu vou beber?" Eles responderam: "Podemos." "Sim", declarou Jesus, "do meu cálice bebereis, mas o sentar-se à minha direita e à minha esquerda não depende de mim. É para aqueles a quem meu Pai o preparou".

212

Esteja sempre disposto a dar a vida por alguém; Deus fez isso por você.

Evangelho de Mateus 20,28

Jesus disse: "O Filho do Homem não veio para ser servido, mas para servir e dar a vida em resgate por muitos."

213

Se você acreditar em Deus, mesmo que morra, viverá.

Evangelho de João 11,25-26

Jesus disse então: "Eu sou a ressurreição e a vida. Quem crê em mim, ainda que tenha morrido, viverá. E todo aquele que vive e crê em mim não morrerá jamais."

214

Tenha fé em Deus.

Evangelho de Marcos 11,22

Jesus lhes observou: “Tende fé em Deus.”

215

Acredite: é possível transformar adversários em colaboradores.

Atos dos Apóstolos 9,1-8

Saulo, entretanto, respirava ameaças de morte contra os discípulos do Senhor. Apresentou-se ao sumo sacerdote e pediu-lhe cartas de recomendação para as sinagogas de Damasco, a fim de trazer presos para Jerusalém os homens e mulheres que encontrasse adeptos do Caminho. Durante a viagem, quando já estava perto de Damasco, de repente viu-se cercado por uma luz que vinha do céu. Caindo por terra, ouviu uma voz que lhe dizia: "Saul, Saul, por que me persegues?" Saulo perguntou: "Quem és tu, Senhor?" A voz respondeu: "Eu sou Jesus, a quem tu estás perseguindo. Agora, levanta-te, entra na cidade, e ali te será dito o que deves fazer." Os homens que acompanhavam Saulo ficaram mudos de espanto, porque ouviam a voz, mas não viam ninguém. Saulo levantou-se do chão e abriu os olhos, mas não conseguia ver nada. Então tomaram-no pela mão e o fizeram entrar em Damasco.

216

É preferível dizer que não vai e ir a dizer que vai e não ir.

Evangelho de Mateus 21,28-31

Jesus disse: "Que vos parece? Um homem tinha dois filhos. Dirigindo-se ao primeiro, disse: 'Filho, vai trabalhar hoje na vinha!' O filho respondeu: 'Não quero.' Mas depois mudou de atitude e foi. O pai dirigiu-se ao outro filho e disse a mesma coisa. Este respondeu: 'Sim, senhor, eu vou.' Mas não foi. Qual dos dois fez a vontade do pai?" Os sumos sacerdotes e os anciãos responderam: "O primeiro." Então Jesus lhes disse: "Em verdade vos digo que os publicanos e as prostitutas vos precedem no Reino de Deus."

217

Lembre-se que até o filho de Deus foi perseguido.

Evangelho de Mateus 21,33-39

Jesus disse: "Escutai esta outra parábola: Certo proprietário plantou uma vinha, pôs uma cerca em volta, cavou nela um lagar para pisar as uvas e construiu uma torre de guarda. Ele a alugou a uns agricultores e viajou para o estrangeiro. Quando chegou o tempo da colheita, ele mandou os seus servos aos agricultores para receber seus frutos. Os agricultores, porém, agarraram os servos, espancaram a um, mataram a outro, e a outro apedrejaram. Ele ainda mandou outros servos, em maior número que os primeiros. Mas eles os trataram do mesmo modo. Por fim, enviou-lhes o próprio filho, pensando: 'A meu filho respeitarão.' Os agricultores, porém, ao verem o filho, disseram entre si: 'Este é o herdeiro. Vamos matá-lo e tomemos posse de sua herança!' Então agarraram-no, lançaram-no fora da vinha e o mataram."

218

Pedras rejeitadas podem se tornar o fundamento de grandes obras. Não desanime na rejeição.

Evangelho de Mateus 21,42

Então, Jesus lhes disse: "Nunca lestes nas Escrituras: 'A pedra que os construtores rejeitaram, esta é que se tornou a pedra angular. Isto foi feito pelo Senhor, e é admirável aos nossos olhos'?"

219

Não convide as pessoas porque elas são importantes para você, mas porque você é importante para elas.

Evangelho de Mateus 22,2-4.8-10

Jesus disse: "O Reino dos Céus é como um rei que preparou a festa de casamento do seu filho. Mandou seus servos chamar os convidados para a festa, mas estes não quiseram vir. [...] Então, o rei disse aos servos: 'A festa de casamento está pronta, mas os convidados não foram dignos dela. Portanto, ide às encruzilhadas dos caminhos e convidai para a festa todos os que encontrardes.' Os servos saíram pelos caminhos e reuniram todos os que encontraram, maus e bons. E a sala da festa ficou cheia de convidados."

220

Existe uma roupa adequada para cada ocasião e lugar.

Evangelho de Mateus 22,11-14

Jesus disse: "Quando o rei entrou para ver os convidados, observou um homem que não estava em traje de festa e perguntou-lhe: 'Meu caro, como entraste aqui sem o traje de festa?' Mas o homem ficou sem responder. Então o rei disse aos que serviam: 'Amarrai os pés e as mãos desse homem e lançai-o fora, nas trevas! Ali haverá choro e ranger de dentes.' Pois muitos são chamados, mas poucos são escolhidos."

221

Pague os impostos e seja cidadão; mas lembre-se de dar a Deus o que é de Deus: seu coração!

Evangelho de Mateus 22,18-21

Jesus percebeu-lhes a maldade e disse: "Hipócritas! Por que me armais uma cilada? Mostrai-me a moeda do imposto!" Apresentaram-lhe a moeda. "De quem é esta figura e a inscrição?", perguntou ele. "De César", responderam. Ele então lhes disse: "Devolvei, pois, a César o que é de César e a Deus, o que é de Deus."

222

Acredite no Deus da vida.

Evangelho de Mateus 22,30-32

Jesus lhes respondeu: "Estais errados. Não compreendeis a Escritura, nem o poder de Deus. Na ressurreição não haverá homens e mulheres casando-se, mas serão como anjos no céu. E quanto à ressurreição dos mortos, não lestes o que Deus vos disse: 'Eu sou o Deus de Abraão, o Deus de Isaac e o Deus de Jacó'? Ele é Deus não de mortos, mas de vivos."

223

Ame a Deus sobre todas as coisas e ao próximo como a si mesmo.

Evangelho de Mateus 22,37-40

Jesus respondeu: "'Amarás o Senhor, teu Deus, com todo o teu coração, com toda a tua alma e com todo o teu entendimento!' Esse é o maior e o primeiro mandamento. Ora, o segundo lhe é semelhante: 'Amarás teu próximo como a ti mesmo.' Toda a Lei e os Profetas dependem desses dois mandamentos."

224

Prefira fazer perguntas a dar respostas.

Evangelho de Mateus 22,41-45

Estando os fariseus reunidos, Jesus lhes perguntou: "Que pensais sobre o Cristo? De quem ele é filho?" — "De Davi", responderam. Ele replicou: "Como, então, movido pelo Espírito, Davi o chama de 'senhor', quando diz: 'Disse o Senhor ao meu senhor: Senta-te à minha direita até que eu ponha teus inimigos debaixo dos teus pés'? Se Davi o chama 'senhor', como pode ele ser seu filho?"

225

Diante das pessoas incoerentes: faça o que elas dizem, mas não faça o que elas fazem.

Evangelho de Mateus 23,1-3

Depois, Jesus falou às multidões e aos discípulos: "Os escribas e os fariseus sentaram-se no lugar de Moisés para ensinar. Portanto, tudo o que eles vos disserem, fazei e observai, mas não imiteis suas ações! Pois eles falam e não praticam."

226

Não invente regras para os outros que nem você pode cumprir.

Evangelho de Mateus 23,4

Jesus disse: "Amarram fardos pesados e insuportáveis e os põem nos ombros dos outros, mas eles mesmos não querem movê-los, nem sequer com um dedo."

227

Que a sua religião não seja apenas de aparência.

Evangelho de Mateus 23,5

Jesus disse: "Fazem todas as suas ações só para serem vistos pelos outros, usam faixas bem largas com trechos da Lei e põem no manto franjas bem longas."

228

Evite sentar-se nos primeiros lugares sem ser convidado.

Evangelho de Mateus 23,6-7

Jesus disse: "Gostam do lugar de honra nos banquetes e dos primeiros assentos nas sinagogas, de serem cumprimentados nas praças públicas e de serem chamados de 'rabi'."

229

Não use seu cargo ou título apenas para ganhar projeção social.

Evangelho de Mateus 23,8-9

Jesus disse: "Quanto a vós, não vos façais chamar de 'rabi', pois um só é vosso Mestre e todos vós sois irmãos. Não chameis a ninguém na terra de 'pai', pois um só é vosso Pai, aquele que está nos céus."

230

Reconheça que só Deus realmente é poderoso. Um cargo ou liderança é quase nada perto do poder de Deus.

Evangelho de Mateus 23,10

Jesus disse: "Não deixeis que vos chamem de 'guia', pois um só é o vosso Guia, o Cristo."

231

Se você promover a partilha, um milagre acontecerá.

Evangelho de Mateus 14,15-21

Ao entardecer, os discípulos aproximaram-se dele e disseram: "Este lugar é deserto e a hora já está adiantada. Despede as multidões, para que possam ir aos povoados comprar comida!" Jesus porém lhes disse: "Eles não precisam ir embora. Vós mesmos dai-lhes de comer!" Os discípulos responderam: "Só temos aqui cinco pães e dois peixes." Ele disse: "Trazei-os aqui." E mandou que as multidões se sentassem na relva. Então, tomou os cinco pães e os dois peixes, ergueu os olhos para o céu e pronunciou a bênção, partiu os pães e os deu aos discípulos; e os discípulos os distribuíram às multidões. Todos comeram e ficaram saciados, e dos pedaços que sobraram recolheram ainda doze cestos cheios. Os que comeram foram mais ou menos cinco mil homens, sem contar mulheres e crianças.

232

Lembre-se: quem se eleva será humilhado, e quem se humilha será elevado.

Evangelho de Mateus 23,12

Jesus disse: "Quem se exaltar será humilhado, e quem se humilhar será exaltado."

233

Não seja como os corruptos, que roubam os pobres e depois se escondem atrás de longas orações.

Evangelho de Marcos 12,38.40

Jesus disse: "Cuidado com os escribas! [...] Devoram as casas das viúvas enquanto ostentam longas orações. Por isso, serão julgados com mais rigor."

234

Não seja como aqueles que percorrem a terra e o mar para converter pessoas, mas vivem na hipocrisia.

Evangelho de Mateus 23,15

Jesus disse: "Ai de vós, escribas e fariseus hipócritas! Percorreis o mar e a terra para converter alguém, e quando o conseguis, o tornais merecedor do inferno, duas vezes mais do que vós."

235

Não seja como aqueles que perdem tempo discutindo religião, mas esquecem o essencial.

Evangelho de Mateus 23,16-22

Jesus disse: "Ai de vós, guias cegos! Dizeis: 'Se alguém jura pelo Santuário, não vale; mas se alguém jura pelo ouro do Santuário, então vale!' Insensatos e cegos! Que é mais importante, o ouro ou o Santuário que santifica o ouro? Dizeis também: 'Se alguém jura pelo altar, não vale; mas, se alguém jura pela oferenda que está sobre o altar, então vale!' Cegos! Que é mais importante: a oferenda ou o altar que santifica a oferenda? De fato, quem jura pelo altar jura por ele e por tudo o que está sobre ele. E quem jura pelo Santuário jura por ele e por Deus, que habita no Santuário. E quem jura pelo céu jura pelo trono de Deus e por aquele que nele está sentado."

236

Não seja como aqueles que pagam o dízimo, mas esquecem os ensinamentos de Deus.

Evangelho de Mateus 23,23

Jesus disse: "Ai de vós, escribas e fariseus hipócritas! Pagais o dízimo da hortelã, da erva-doce e do cominho, e deixais de lado os ensinamentos mais importantes da Lei, como o direito, a misericórdia e a fidelidade. Isto é que deveríeis praticar sem, contudo, deixar aquilo."

237

Não seja como aqueles que ficam apegados a detalhes e esquecem as coisas realmente importantes.

Evangelho de Mateus 23,24

Jesus disse: "Guias cegos! Filtrais o mosquito, mas engolis o camelo."

238

Preocupe-se mais com a beleza interior do que com a beleza exterior.

Evangelho de Mateus 23,25-26

Jesus disse: "Ai de vós, escribas e fariseus hipócritas! Limpais o copo e o prato por fora, mas por dentro estais cheios de roubo e cobiça. Fariseu cego! Limpa primeiro o copo por dentro, que também por fora ficará limpo."

239

Não seja como os hipócritas. São túmulos enfeitados: bonitos por fora, mas podres por dentro.

Evangelho de Mateus 23,27-28

Jesus disse: "Ai de vós, escribas e fariseus hipócritas! Sois como sepulcros caiados: por fora parecem belos, mas por dentro estão cheios de ossos de cadáveres e de toda podridão! Assim também vós: por fora, pareceis justos diante dos outros, mas por dentro estais cheios de hipocrisia e injustiça."

240

Lembre-se que Deus é sempre o refúgio mais seguro.

Evangelho de Mateus 23,37-39

Jesus disse: "Jerusalém, Jerusalém, que matas os profetas e apedrejas aqueles que te foram enviados! Quantas vezes eu quis reunir teus filhos como uma galinha reúne seus pintainhos debaixo das asas, mas não quisestes! Vede, vossa casa ficará deserta. Pois eu vos digo: desde agora não mais me vereis até que digais: 'Bendito aquele que vem em nome do Senhor!'"

241

Não se iluda com grandes obras.

Evangelho de Lucas 21,5-6

Algumas pessoas comentavam a respeito do templo, que era enfeitado com belas pedras e com ofertas votivas. Jesus disse: "Admirais essas coisas? Dias virão em que não ficará pedra sobre pedra. Tudo será destruído."

242

Cuidado com aqueles que marcam hora para Deus agir.

Evangelho de Lucas 21,7-8

Mas eles perguntaram: "Mestre, quando será, e qual o sinal de que isso está para acontecer?" Ele respondeu: "Cuidado para não serdes enganados, porque muitos virão em meu nome, dizendo: 'Sou eu!', e ainda: 'O tempo está próximo.' Não andeis atrás dessa gente!"

243

Se quiser seguir o caminho de Deus, prepare-se para a perseguição.

Evangelho de Lucas 21,12

Jesus disse: "Antes disso tudo, porém, sereis presos e perseguidos; sereis entregues às sinagogas e jogados na prisão; sereis levados diante de reis e governadores por causa do meu nome."

244

Se você estiver com Deus dirá a palavra certa, na hora certa, para a pessoa certa.

Evangelho de Lucas 21,14-15

Jesus disse: "Determinai não preparar vossa defesa, porque eu vos darei palavras tão acertadas que nenhum dos inimigos vos poderá resistir ou rebater."

245

Os maiores desafios podem estar dentro do seu próprio lar.

Evangelho de Lucas 21,16

Jesus disse: "Sereis entregues até mesmo pelos próprios pais, irmãos, parentes e amigos. A alguns de vós matarão."

246

Saiba ler os sinais dos tempos.

Evangelho de Lucas 21,29-31

E Jesus contou-lhes uma parábola: “Olhai a figueira e todas as árvores. Quando começam a brotar, basta olhá-las para saber que o verão está perto. Vós, do mesmo modo, quando virdes acontecer essas coisas, ficai sabendo que o Reino de Deus está perto.”

247

Lembre-se que tudo passa; só Deus permanece.

Evangelho de Lucas 21,32-33

Jesus disse: "Em verdade vos digo: esta geração não passará antes que tudo aconteça. O céu e a terra passarão, mas as minhas palavras não passarão."

248

Tome cuidado para que seu coração não fique insensível por causa da gula, da embriaguez e das preocupações da vida.

Evangelho de Lucas 21,34-35

Jesus disse: "Cuidado para que vossos corações não fiquem pesados por causa dos excessos, da embriaguez e das preocupações da vida, e esse dia não caia de repente sobre vós, pois cairá como uma armadilha sobre todos os habitantes de toda a terra."

249

Seja uma pessoa vigilante, pois as grandes oportunidades não aparecem com hora marcada.

Evangelho de Marcos 13,33-37

Jesus disse: "Cuidado! Ficai atentos, pois não sabeis quando chegará o momento. É como um homem que, ao viajar, deixou sua casa e confiou a responsabilidade a seus servos, a cada um sua tarefa, mandando que o porteiro ficasse vigiando. Vigiai, portanto, pois não sabeis quando o senhor da casa volta: à tarde, à meia-noite, de madrugada ou ao amanhecer. Não aconteça que, vindo de repente, vos encontre dormindo. O que vos digo, digo a todos: vigiai!"

250

O bom gerente é bom mesmo na ausência do patrão.

Evangelho de Mateus 24,45-51

Jesus disse: "Quem é o servo fiel e prudente, que o senhor encarregou do pessoal da casa, para lhes dar alimento na hora certa? Feliz aquele servo que o Senhor, ao chegar, encontrar agindo assim. Em verdade vos digo, ele lhe confiará a administração de todos os seus bens. O servo mau, porém, se pensar consigo mesmo: 'Meu Senhor está demorando' e começar a bater nos companheiros e a comer e a beber com os bêbados, então o Senhor desse servo virá num dia inesperado e numa hora imprevista. Ele o excluirá e lhe imporá a sorte dos hipócritas. Ali haverá choro e ranger de dentes."

251

Não saia com pouco combustível, pois poderá perder a festa.

Evangelho de Mateus 25,1-4.10-12

Jesus disse: "O Reino dos Céus pode ser comparado a dez moças que, levando suas lamparinas, saíram para formarem o séquito do noivo. Cinco delas eram descuidadas e as outras cinco eram previdentes. As descuidadas pegaram suas lâmpadas, mas não levaram óleo consigo. As previdentes, porém, levaram jarros com óleo junto com as lâmpadas. [...] Enquanto [as descuidadas] foram comprar óleo, o noivo chegou, e as que estavam preparadas entraram com ele para a festa do casamento. E a porta se fechou. Por fim, chegaram também as outras e disseram: 'Senhor! Senhor! Abre-nos a porta!' Ele, porém, respondeu: 'Em verdade vos digo: não vos conheço!'"

252

Não guarde os problemas apenas para você.

Evangelho de Mateus 26,1b-2

Jesus disse aos discípulos: "Sabeis que dentro de dois dias se celebra a Páscoa, e o Filho do Homem vai ser entregue para ser crucificado."

253

Quem desenvolve seus talentos agrada a Deus.

Evangelho de Mateus 25,21

Jesus disse: "O senhor lhe disse: 'Parabéns, servo bom e fiel! Como te mostraste fiel na administração de tão pouco, eu te confiarei muito mais. Vem participar da alegria do teu senhor!'"

254

Os preguiçosos e medíocres sempre acabam perdendo até o pouco que têm.

Evangelho de Mateus 25,24-30

Jesus disse: "Por fim, chegou aquele que havia recebido um só talento, e disse: 'Senhor, sei que és um homem severo, pois colhes onde não plantaste e ajuntas onde não semeaste. Por isso fiquei com medo e escondi o teu talento no chão. Aqui tens o que te pertence.' O senhor lhe respondeu: 'Servo mau e preguiçoso! Sabias que eu colho onde não plantei e que ajunto onde não semeei. Então devias ter depositado meu dinheiro no banco, para que, ao voltar, eu recebesse com juros o que me pertence.' Em seguida, o senhor ordenou: 'Tirai dele o talento e dai àquele que tem dez! Pois a todo aquele que tem será dado mais, e terá em abundância, mas daquele que não tem, até o que tem lhe será tirado. E quanto a este servo inútil, lançai-o fora, nas trevas. Ali haverá choro e ranger de dentes!'"

255

Bendito aquele que reconhece a face de Deus no rosto dos pobres e é solidário com eles.

Evangelho de Mateus 25,34-36.40

Jesus disse: "Então o Rei dirá aos que estiverem à sua direita: 'Vinde, benditos de meu Pai! Recebei em herança o Reino que meu Pai vos preparou desde a criação do mundo! Pois eu estava com fome, e me destes de comer; estava com sede, e me destes de beber; eu era forasteiro, e me recebestes em casa; estava nu, e me vestistes; doente, e cuidastes de mim; na prisão, e fostes visitar-me. [...] Em verdade, vos digo: todas as vezes que fizestes isso a um destes mais pequenos, que são meus irmãos, foi a mim que o fizestes!'"

256

Está perdido aquele que não é solidário com os pobres.

Evangelho de Mateus 25,41-43.45-46

Jesus disse: "Depois, o Rei dirá aos que estiverem à sua esquerda: 'Afastai-vos de mim, malditos! Ide para o fogo eterno, preparado para o diabo e para os seus anjos. Pois eu estava com fome, e não me destes de comer; com sede, e não me destes de beber; eu era forasteiro, e não me recebestes em casa; nu, e não me vestistes; doente e na prisão, e não fostes visitar-me.' [...] Então, o Rei lhes responderá: 'Em verdade, vos digo, todas as vezes que não fizestes isso a um desses mais pequenos, foi a mim que o deixastes de fazer!' E estes irão para o castigo eterno, enquanto os justos irão para a vida eterna."

257

Lembre-se que o grão de trigo só nasce se antes ficar escondido na terra.

Evangelho de João 12,24

Jesus disse: "Em verdade, em verdade, vos digo: se o grão de trigo que cai na terra não morre, fica só. Mas, se morre, produz muito fruto."

258

Quando sentir-se perturbado, não pare; enfrente seus medos.

Evangelho de João 12,27

Jesus disse: "Sinto agora grande angústia. E que direi? 'Pai, livra-me desta hora'? Mas foi precisamente para esta hora que eu vim."

259

Pequenas derrotas podem esconder grandes vitórias.

Evangelho de João 12,31-33

Jesus disse: "É agora o julgamento deste mundo. Agora o chefe deste mundo vai ser expulso, e quando eu for levantado da terra, atrairei todos a mim." Ele falava assim para indicar de que morte iria morrer.

260

Há momentos em que a melhor coisa a fazer é esconder-se dos que ameaçam você.

Evangelho de João 12,36

Jesus disse: "Enquanto tendes a luz, crede na luz, para que vos torneis filhos da luz." Depois de lhes ter falado assim, Jesus saiu e escondeu-se deles.

261

Celebre os grandes momentos da vida.

Evangelho de Mateus 26,17-19

No primeiro dia dos Pães sem Fermento, os discípulos aproximaram-se de Jesus e perguntaram: "Onde queres que façamos os preparativos para comeres a Páscoa?" Jesus respondeu: "Ide à cidade, procurai certo homem e dizei-lhe: 'O Mestre manda dizer: o meu tempo está próximo, vou celebrar a ceia pascal em tua casa, junto com meus discípulos.'" Os discípulos fizeram como Jesus mandou e prepararam a ceia pascal.

262

Seja sincero, ainda que isto provoque certos constrangimentos.

Evangelho de Mateus 26,21

Enquanto comiam, ele disse: "Em verdade vos digo, um de vós me vai entregar."

263

Atenção! As pessoas mais perigosas podem estar próximas de você.

Evangelho de Mateus 26,23

Ele respondeu: "Aquele que se serviu comigo do prato é que vai me entregar."

264

Deixe um sinal na vida das pessoas; mesmo na ausência você estará presente.

Evangelho de Mateus 26,26-29

Enquanto estavam comendo, Jesus tomou o pão e pronunciou a bênção, partiu-o, deu-o aos discípulos e disse: "Tomai, comei, isto é o meu corpo." Em seguida, pegou um cálice, deu graças e passou-o a eles, dizendo: "Bebei dele todos, pois este é o meu sangue da nova aliança, que é derramado em favor de muitos, para remissão dos pecados. Eu vos digo: de hoje em diante não beberei deste fruto da videira, até o dia em que, convosco, beberei o vinho novo no Reino do meu Pai."

265

Os maiores líderes são os que têm coragem e humildade para "lavar os pés" dos seus colaboradores.

Evangelho de João 13,4-5

Jesus levantou-se da ceia, tirou o manto, pegou uma toalha e amarrou-a à cintura. Derramou água numa bacia, pôs-se a lavar os pés dos discípulos e enxugava-os com a toalha que trazia à cintura.

266

Tenha um "amigo do peito" em que possa depositar toda a confiança.

Evangelho de João 13,23-25

Bem ao lado de Jesus estava reclinado um dos seus discípulos, aquele que Jesus mais amava. Simão Pedro acenou para que perguntasse de quem ele estava falando. O discípulo, então, recostando-se sobre o peito de Jesus, perguntou: "Senhor, quem é?"

267

Mostre ao traidor que você sabe o que ele está fazendo.

Evangelho de João 13,27

Depois do bocado, Satanás entrou em Judas. Jesus, então, lhe disse: “O que tens a fazer, faze logo.”

268

O amor fraterno deve ser a marca característica do autêntico cristão.

Evangelho de João 13,34-35

Jesus disse: "Eu vos dou um novo mandamento: amai--vos uns aos outros. Como eu vos amei, assim também vós deveis amar-vos uns aos outros. Nisto conhecerão todos que sois os meus discípulos: se vos amardes uns aos outros."

269

Busque a sua autoridade de líder no serviço e não apenas no poder.

Evangelho de Lucas 22,24-27

Ora, houve uma discussão entre eles sobre qual deles devia ser considerado o maior. Jesus, porém, lhes disse: "Os reis das nações dominam sobre elas, e os que exercem o poder se fazem chamar benfeitores. Entre vós, não deve ser assim. Pelo contrário, o maior entre vós seja como o mais novo, e o que manda, como quem está servindo. Afinal, quem é o maior: o que está à mesa ou o que está servindo? Não é aquele que está à mesa? Eu, porém, estou no meio de vós como aquele que serve."

270

Confie em Deus, e seu coração não ficará perturbado.

Evangelho de João 14,1

Jesus disse: "Não se perturbe o vosso coração! Credes em Deus, crede também em mim."

271

Busque em Deus o caminho verdadeiro para a vida.

Evangelho de João 14,5-6

Tomé disse: "Senhor, não sabemos para onde vais. Como podemos conhecer o caminho?" Jesus respondeu: "Eu sou o Caminho, a Verdade e a Vida. Ninguém vai ao Pai senão por mim."

272

Se você crer em Deus fará milagres.

Evangelho de João 14,11-13

Jesus disse: "Crede-me: eu estou no Pai e o Pai está em mim. Crede, ao menos, por causa destas obras. Em verdade, em verdade, vos digo: quem crê em mim fará as obras que eu faço, e fará ainda maiores do que estas. Pois eu vou para o Pai. E o que pedirdes em meu nome, eu o farei, a fim de que o Pai seja glorificado no Filho."

273

Acredite que o Espírito de Deus habita em você.

Evangelho de João 14,15-17

Jesus disse: "Se me amais, observareis os meus mandamentos. E eu pedirei ao Pai, e ele vos dará um outro Defensor, que ficará para sempre convosco: o Espírito da Verdade, que o mundo não é capaz de receber, porque não o vê, nem o conhece. Vós o conheceis, porque ele permanece junto de vós e está em vós."

274

Seja da paz!

Evangelho de João 14,27

Jesus disse: “Deixo-vos a paz, dou-vos a minha paz. Não é à maneira do mundo que eu a dou. Não se perturbe, nem se atemorize o vosso coração.”

275

Há momentos em que a ausência é a melhor e mais intensa forma de presença.

Evangelho de João 14,28

Jesus disse: "Ouvistes o que eu vos disse: 'Eu vou, mas voltarei a vós.' Se me amásseis, ficaríeis alegres porque vou para o Pai, pois o Pai é maior do que eu."

276

Para crescer na vida, é necessário ser podado.

Evangelho de João 15,1-2

Jesus disse: "Eu sou a videira verdadeira e meu Pai é o agricultor. Todo ramo que não dá fruto em mim, ele corta; e todo ramo que dá fruto, ele limpa, para que dê mais fruto ainda."

277

Sem Deus você não pode fazer nada.

Evangelho de João 15,4-5

Jesus disse: "Permanecei em mim, e eu permanecerei em vós. Como o ramo não pode dar fruto por si mesmo se não permanecer na videira, assim também vós não podereis dar fruto se não permanecerdes em mim. Eu sou a videira e vós, os ramos. Aquele que permanece em mim, como eu nele, esse dá muito fruto; pois sem mim, nada podeis fazer."

278

Permaneça no amor.

Evangelho de João 15,7-9

Jesus disse: "Se permanecerdes em mim, e minhas palavras permanecerem em vós, pedi o que quiserdes, e vos será dado. Nisto meu Pai é glorificado: que deis muito fruto e vos torneis meus discípulos. Como meu Pai me ama, assim também eu vos amo. Permanecei no meu amor."

279

Você ama de verdade quando se doa por alguém.

Evangelho de João 15,12-13

Jesus disse: "Este é o meu mandamento: amai-vos uns aos outros, assim como eu vos amei. Ninguém tem amor maior do que aquele que dá a vida por seus amigos."

280

Deus escolheu você antes de você O escolher.

Evangelho de João 15,16

Jesus disse: "Não fostes vós que me escolhestes; fui eu que vos escolhi e vos designei, para dardes fruto e para que o vosso fruto permaneça. Assim, tudo o que pedirdes ao Pai, em meu nome, ele vos dará."

281

No sofrimento, lembre-se que o sorriso da criança faz esquecer até a dor do parto.

Evangelho de João 16,21

Jesus disse: "A mulher, quando vai dar à luz, fica angustiada, porque chegou a sua hora. Mas depois que a criança nasceu, já não se lembra mais das dores, na alegria de um ser humano ter vindo ao mundo."

282

Na hora da aflição, tenha coragem: Deus estará com você.

Evangelho de João 16,33

Jesus disse: "Eu vos disse estas coisas para que, em mim, tenhais a paz. No mundo tereis aflições. Mas tende coragem! Eu venci o mundo."

283

Nunca esqueça que você está no mundo, mas não é do mundo.

Evangelho de João 17,15-17

Jesus disse: "Eu não rogo que os tires do mundo, mas que os guardes do maligno. Eles não são do mundo, como eu não sou do mundo. Consagra-os pela verdade: a tua palavra é a verdade."

284

O grande sonho de Deus é que todos sejam um.

Evangelho de João 17,21

Jesus disse: "Que todos sejam um, como tu, Pai, estás em mim, e eu em ti. Que eles estejam em nós, a fim de que o mundo creia que tu me enviaste."

285

Na hora da tristeza, procure a solidariedade de um amigo. Evite sofrer sozinho.

Evangelho de Mateus 26,36-38

Jesus chegou com eles a uma propriedade chamada Getsêmani e disse aos discípulos: "Sentai-vos, enquanto eu vou orar ali!" Levou consigo Pedro e os dois filhos de Zebedeu e começou a ficar triste e angustiado. Então lhes disse: "Sinto uma tristeza mortal! Ficai aqui e vigiai comigo!"

286

Seja sincero com os seus próprios sentimentos.

Evangelho de Mateus 26,39

Ele foi um pouco mais adiante, caiu com o rosto por terra e orou: "Meu pai, se possível, que este cálice passe de mim. Contudo, não seja feito como eu quero, mas como tu queres."

287

Vigie e reze para não cair em tentação.

Evangelho de Mateus 26,40-41

Quando voltou para junto dos discípulos, encontrou-os dormindo. Disse então a Pedro: "Não fostes capazes de ficar vigiando uma só hora comigo? Vigiai e orai, para não cairdes em tentação; pois o espírito está pronto, mas a carne é fraca."

288

Lembre-se que beijos e afetos nem sempre são sinais de amor.

Evangelho de Mateus 26,49-50

Judas logo se aproximou de Jesus, dizendo: "Salve, Rabi!" E beijou-o. Jesus lhe disse: "Amigo, para que vieste?" Então os outros avançaram, lançaram as mãos sobre Jesus e o prenderam.

289

Na hora suprema da dor não existe nada melhor do que rezar... ainda que seja para "brigar" com Deus.

Evangelho de Mateus 27,46

Pelas três da tarde, Jesus deu um forte grito: "Eli, Eli, lamá sabactâni?", que quer dizer: "Meu Deus, meu Deus, por que me abandonaste?"

290

Vá ao encontro das pessoas e procure caminhar com elas.

Evangelho de Lucas 24,13-15

Naquele mesmo dia, o primeiro da semana, dois dos discípulos iam para um povoado, chamado Emaús, a uns dez quilômetros de Jerusalém. Conversavam sobre todas as coisas que tinham acontecido. Enquanto conversavam e discutiam, o próprio Jesus se aproximou e começou a caminhar com eles.

291

Antes de perguntar o que o outro pensa, pergunte o que ele está sentindo.

Evangelho de Lucas 24,16-17a

Os seus olhos, porém, estavam como vendados, incapazes de reconhecê-lo. Então Jesus perguntou: "O que andais conversando pelo caminho?"

292

Não revele logo tudo o que sabe. Ensine fazendo perguntas.

Evangelho de Lucas 24,17b-19a

Eles pararam, com o rosto triste, e um deles, chamado Cléofas, lhe disse: "És tu o único peregrino em Jerusalém que não sabe o que lá aconteceu nestes dias?" Ele perguntou: "Que foi?"

293

Quando sentir o coração arder, não tenha receio de deixar a boca proclamar suas convicções.

Evangelho de Lucas 24,25-27

Então ele lhes disse: "Como sois sem inteligência e lentos para crer em tudo o que os profetas falaram! Não era necessário que o Cristo sofresse tudo isso para entrar na sua glória?" E, começando por Moisés e passando por todos os Profetas, explicou-lhes, em todas as Escrituras, as passagens que se referiam a ele.

294

Aceite alguns convites para visitar as pessoas.

Evangelho de Lucas 24,28-29

Quando chegaram perto do povoado para onde iam, ele fez de conta que ia adiante. Eles, porém, insistiram: "Fica conosco, pois já é tarde e a noite vem chegando!" Ele entrou para ficar com eles.

295

Reze antes das refeições.

Evangelho de Lucas 24,30

Depois que se sentou à mesa com eles, tomou o pão, pronunciou a bênção, partiu-o e deu a eles.

296

As melhores reuniões são em torno de uma mesa e de um pão partilhado.

Evangelho de Lucas 24,30-32

Depois que se sentou à mesa com eles, tomou o pão, pronunciou a bênção, partiu-o e deu a eles. Neste momento, seus olhos se abriram, e eles o reconheceram. Ele, porém, desapareceu da vista deles. Então um disse ao outro: "Não estava ardendo o nosso coração quando ele nos falava pelo caminho e nos explicava as Escrituras?"

297

Não basta a prova de fé; maior e definitiva é a prova de amor.

Evangelho de João 21,15-17

Depois de comerem, Jesus perguntou a Simão Pedro: "Simão, filho de João, tu me amas mais do que estes?" Pedro respondeu: "Sim, Senhor, tu sabes que te amo." Jesus lhe disse: "Cuida dos meus cordeiros." E disse-lhe, pela segunda vez: "Simão, filho de João, tu me amas?" Pedro respondeu: "Sim, Senhor, tu sabes que te amo." Jesus lhe disse: "Apascenta minhas ovelhas." Pela terceira vez, perguntou a Pedro: "Simão, filho de João, tu me amas?" Pedro ficou triste, porque lhe perguntou pela terceira vez se o amava. E respondeu: "Senhor, tu sabes tudo; tu sabes que te amo." Jesus disse-lhe: "Cuida das minhas ovelhas."

298

Saiba que algumas pessoas só acreditarão em seus sonhos se os tocarem com as próprias mãos.

Evangelho de João 20,27-28

Depois disse a Tomé: "Põe o teu dedo aqui e olha as minhas mãos. Estende a tua mão e coloca-a no meu lado e não sejas incrédulo, mas crê!" Tomé respondeu: "Meu Senhor e meu Deus!"

299

Prepare um sucessor.

Evangelho de Lucas 24,50-53

Então Jesus levou-os para fora da cidade, até perto de Betânia. Ali ergueu as mãos e abençoou-os. E enquanto os abençoava, afastou-se deles e foi elevado ao céu. Eles o adoraram. Em seguida voltaram para Jerusalém, com grande alegria, e estavam sempre no templo, bendizendo a Deus.

300

Espalhe estes bons conselhos por toda parte e Deus estará sempre com você!

Evangelho de Mateus 28,16-20

Os onze discípulos voltaram à Galileia, à montanha que Jesus lhes tinha indicado. Quando o viram, prostraram-se; mas alguns tiveram dúvida. Jesus se aproximou deles e disse: "Foi-me dada toda a autoridade no céu e na terra. Ide, pois, fazer discípulos entre todas as nações, e batizai-os em nome do Pai, do Filho e do Espírito Santo. Ensinai-lhes a observar tudo o que vos tenho ordenado. Eis que estou convosco todos os dias, até o fim dos tempos."

Produção
Adriana Torres
Ana Carla Sousa
Gabriel Machado

Revisão
Tatiane Leal

Diagramação
Leandro B. Liporage

Este livro foi impresso no Rio de Janeiro em maio de 2011,
pela Ediouro Gráfica, para a Agir.
A fonte usada no miolo é Iowan Old St, corpo 10/16.
O papel do miolo é avena 70g/m², e o da capa é cartão 250g/m².